阿德勒
儿童教育
心理学

The Education of Children

Alfred Adler

［奥］阿尔弗雷德·阿德勒◎著
窦　珺◎译

人民东方出版传媒
東方出版社

图书在版编目（CIP）数据

阿德勒儿童教育心理学 /（奥）阿尔弗雷德·阿德勒著；窦珺译. —北京：东方出版社，2021.7

ISBN 978-7-5207-2136-3

Ⅰ. ①阿… Ⅱ. ①阿… ②窦… Ⅲ. ①儿童心理学－教育心理学 Ⅳ. ①G44

中国版本图书馆CIP数据核字（2021）第072936号

阿德勒儿童教育心理学

（ADELE ERTONG JIAOYU XINLIXUE）

作　　者：［奥］阿尔弗雷德·阿德勒
译　　者：窦　珺
策　　划：鲁艳芳
责任编辑：黎民子
出　　版：東方出版社
发　　行：人民东方出版传媒有限公司
地　　址：北京市东城区朝阳门内大街166号
邮政编码：100010
印　　刷：北京文昌阁彩色印刷有限责任公司
版　　次：2021年7月第1版
印　　次：2021年7月北京第1次印刷　2024年6月北京第2次印刷
开　　本：880毫米×1230毫米　1/32
印　　张：7.5
字　　数：140千字
书　　号：ISBN 978-7-5207-2136-3
定　　价：49.80元
发行电话：（010）85924663　85924644　85924641

目录 CONTENTS

Introduction

导 论

个体心理学之于儿童教育

从心理学的角度来看，儿童的教育问题与成人的一样，都可以归结为自我认知和自我引导这两个问题。但不同的是，成人有一定的自我引导能力，而儿童还不够成熟，因此，成人对儿童的引导显得至关重要。我们可以任由儿童在一个良好的环境下自行发展，假想经过两万年的时间，他们最终可能会达到一个成年人的文明标准。但如此良好的环境和如此长的时间显然并不现实，所以成人必须关注并引导儿童的发展。

可是，作为成人的我们，对儿童却不够了解，这是一大难点。对于成人来说，我们对自己尚且知之甚少，不清楚引发自己情绪的缘由，也很难说清自己的喜恶。这种情况下，我们还要理解孩子进而用正确的方法来引导他们，就更是难上加难。

个体心理学对于儿童心理学尤为关注，这不仅仅因为儿童心理学本身的重要性，也因为它能帮助我们更好地理解成人的性格特征与行为。与其他心理学分支不同，个体心理学强调理论与实践的合一。个体心理学在理论与实践上的同步，加固了个体心理学对人格整体性的研究，也促进了在其发展和表述上的持续追求。个体心理学书籍中所提到的知识点是实践中的智慧，也正是我们对错误的重新认识，不管是心理学家、家长、朋友或是每个个体本身——在他拥有这些知识（实践智慧）的同时，都能马上将其用于指导自己人格的发展。

个体心理学所使用的研究方法，它的理论要义形成了一个有机的整体。个体心理学认为个体的行为由人格统一性所驱动和指导。在个体心理学中所提及的任何外在行为都反映了个体内在的心理活动。在本书的导论里，我们会将个体心理学的观点看作一个整体来介绍；在之后的章节里，我们会深入介绍各个与儿童人格教育有关的内容。

人的心理活动不断发生变化并且带着目的，这是人类发展的一个根本性的客观事实。儿童，从最早的婴儿期开始，就不断地追求发展，朝着伟大、完善和优越的愿景努力。这样有目的的努力，决定着我们的思考方式，进而主导了我们生活中的方方面面。它甚至能主导我们的想法。人的思考并不是客观的，往往取决于我们设定的生活目标与形成的生活方式（人格）。

人格的整体性与统一性存在于每个个体中。每个个体既呈现出人格，同时也进一步影响着人格。每个个体既是画作本身，又作为自己这幅画作的创作者不断继续完成着这幅画作。不过，这个画家并不完美，他未能完全理解自己的灵魂及肉体，他更像是一个易错且有瑕疵的弱者。

在人格的构建过程中，最大的不足就在于，无论是人格的整体性，还是独特的生活目标及生活方式的建立，都是基于主观而非客观的现实基础，来自每个个体如何看待过往的经历。我们提出的一个观点，即便自认为是基于一个事实的观点，往往都不是事实本身。也正是基于这个原因，生活在同一个世界的我们，形成了不同的个体。每个人都有自己对事物的独特看法，这些看法抑或正确、抑或错误，都在进一步塑造着我们自己。我们必须经常省察这些个体对于过往的错误认识。尤其是那些对童年早期的错误诠释，往往会影响到后来的人生轨迹。

下面是一个临床案例。

有一名 52 岁的女性，她总会贬低比自己年长的女性。她回想在她的童年时期，她的姐姐几乎得到所有人的关注，她感受不到自己存在的价值，也倍感屈辱。用个体心理学中的“纵向”视角来看待这个案例，就会看到同样的心理机制贯穿于这位女性的一生。她总是处于一种担心被低估的恐惧中，因而很容易在觉察到他人的优秀时感到愤怒。即便我们对这位女士的生活及整体人格一无所知，我们也会据此对她有所理解。心理学家就像是小说家，通过一条明确的主线、一种生活方式以及行为模式，在确保人物整体人格不被破坏的情况下，构建起人物的生活。一个优秀的心理学家甚至能够预测这位女士在特定情况下的行为，也能清晰地描绘出她围绕着“生命主线”的人格特征。

个体的追求以及为了自己的追求而不断的努力，都是个体人格构建中的重要因素。而之所以会出现这两者，则是源于人的自卑感。每个孩子天生都有自卑感，自卑感会激发孩子们的想象力，也会激励孩子们不断改善境况来驱散这样的自卑感。随着境况的改善，自卑感也会随之减弱。心理学将这个过程称之为心理补偿。

自卑感与心理补偿，有可能导致在心理认知上的偏差。自卑感可能会有助于个体进一步的完善；但也可能引发纯粹的在心理层面上的调适，而这个心理层面上的调适会加剧个体认知与客观事实之间的差异。若是自卑感过于严重，那么，就无法避免地会出现心理干预。

明显表现出补偿性性格特征的儿童可以被分为三类：天生身体虚弱或是有器官缺陷者，从小受到严厉教育而且未曾得到关爱者，以及过于娇纵者。

这三种类型儿童代表了在研究中常见的儿童境况。并不是每个孩子都天生残疾，但让人惊讶的是，很多孩子都或多或少地表现出某些由身体缺陷而引发的心理特征。而被过于娇纵及被严厉对待的儿童，这些孩子也或多或少地呈现出心理学意义上的某些特征。这些心理学意义上的特征能够通过观察与研究天生身体缺陷的儿童而获得。而几乎所有的孩子都可以或多或少地被归类于被宠溺者或是被严管者，或是二者皆有。

这三种境况也会引发儿童的匮乏感与自卑感，进而引发孩子们产生想要超越自己潜力的野心。自卑感与试图克服自卑感而产生的野心是人类生活的正反面，无法分割。从病理学层面来讲，很难说清楚到底是过于夸大的自卑感更糟糕，还是膨胀的野心更有害。这两者往往按照或强或弱的规律依次出现。在孩子们的案例中，我们发现过度的自卑感往往会引发膨胀的野心，而这种野心也是孩子们心灵的毒药——它会让孩子总是处在匮乏的状态中。这种匮乏不会引起孩子们有益的行为，这种不合时宜的野心也不会结出任何果实。这种野心与个体的性格怪癖纠缠在一起，不断刺激着孩子，使他们更加敏感，很容易动怒，且出现伤害行为，而孩子又会因此更加自卑。

在个体心理学中有这类人群的案例，他们虽然已经成年，但他们的能力却未被发掘，他们很容易变得“神经质”，或是很古怪。极端情况下，他们会毫无责任心甚至走向犯罪，他们的心中只有自己而无他人。他们会成为道德上和心理上的自我主义者。他们中的一些人会逃避现实，为自己构筑一个全新的幻想中的世界。他们沉溺于幻想世界，并以其为真，最终在幻想中获得心灵的安宁。实际上，他们只是虚构出了一切，借以达到心灵与现实的和解。

心理学家和家长需要关注儿童在成长过程中社会情感的发育水平。社会情感是儿童正常发育的一个决定性因素。成长过程中的干扰若是弱化了孩子的社会情感，就会给孩子的精神发育带来极大的恶性影响。社会情感可以被看作儿童正常发育的晴雨表。

个体心理学恰是以社会情感的根本原则来发展其教育方法。家长或是其他监护人不应当让孩子只与一人建立依附关系。一旦如此，孩子会发现在未来的生活中困难重重，无法适应。

孩子入学时的表现，可以用来衡量孩子的社会情感的发展状况。入学是孩子最早也是最严峻的人生测验。学校，对孩子而言，是一个全新的环境，这也可以很好地显示出孩子是否做好了面对新环境的准备，更重要的是，也表现出孩子是否准备好面对陌生人。

由于未能做好准备，很多成年人回忆起自己最初入学的那段年月都犹如噩梦。从学校方面而言，若是能有恰当的引导，就会帮助孩子们减少这样的不适感。而一所理想的学校，也应当能够起到一个家庭与更广泛的社会之间的调节者的作用。学校不仅仅是书本知识的学习之地，还应当是生活知识与生活艺术的获得场所。在这个可以补足家庭教育欠缺之处的理想学校尚未出现之际，我们可以先从补足家庭教育做起。

学校就像一面镜子，可以凸显出家庭教育中的不足，但由于学校自身尚不完善，还不能有效解决问题。如果孩子入学前未能学会如何正确地与他人互动，那么当他们入学后，就会感到孤单，也会被他人看作孤僻、怪异。而因此所引发的心理补偿机制，又会让孩子的孤单愈演愈烈，孩子的正常发展被抑制，进而出现问题行为。而此时，大家往往会诟病学校，其实，不过是学校让家庭教育潜在的问题表现了出来。

有问题行为的儿童是否能在学校教育中有所进步，一直是个体心理学上有待解答的问题。但能被认定的是，孩子在入学初期未能很好地适应，这是一个极其危险的信号。这并不是学习上的失败，而是心理层面的失败，因为这意味着孩子开始对自己失去信心。渐渐地，这些孩子会开始回避有意义的行动和任务，并转而寻求其他途径，一些貌似便捷的歧途。他们放弃社会所认可的发展之道，而是选择走了一种特殊的成长方式，在这种特殊的成长方式中，他们会为自己的自卑感建立一种补偿机制进而获得优越感。这样的一些特殊方式总会吸引到那些自信心不足的孩子，通过这种方式能比较容易且快速地产生心理上的成就感。在他们看来，比起走被社会认可的正常路径，他们不愿意担负社会的道德责任感，甚至破坏法律都会成为他们的选择。以捷径的方式获得优越感，即便表面上看起来无所畏惧，却仍然显示出了他们内心的怯懦和虚弱。他们会更愿意做十拿九稳的事情，从而保证自己的优越感。

就像我们看到的罪犯，即便他们外在的行为是如此鲁莽、不计后果，似乎让人觉得很勇猛，但在根本上，他们却是懦弱的；同样，尽管迹象并不明显，那些表面上勇敢无畏的儿童，却会在没有什么危险的环境中暴露出自己的脆弱。我们常会见到一些孩子（某些成人亦如此）站着时总是要靠在什么东西上。旧的治疗方式会聚焦于症状本身，而没有更多去理解产生这种行为的原因。我们常常会对孩子说："不要总是没有骨头似的靠在那里。"事实上，这里更重要的是要关注孩子们对获得支持的需求。我们总是准备用奖惩的方式让孩子们不再显得软弱，但是通过这种方式，并未减少他们对获得支持的需求。一个好的教育者会以同理心面对孩子，进而通过这些外在的症状表现推断出孩子真实的病因。

通过一些迹象，就能推断出孩子所具有的心理特征。例如，如果孩子总是需要有所依靠，我们立刻就可以推断出孩子有诸如焦虑、过于依赖的特征。将他的情况与我们所研究的较为充分的案例做比较，我们就能够构建出这种个性特征，简而言之，这类孩子属于娇宠过剩的类型。

现在我们来看另一种类型的孩子，就是那些未曾被关爱的孩子。这个类型中，最恶劣者将是那些罪大恶极之人。在这些人的人生故事中，有一个很典型的事实就是在他们还是孩子时，未曾被好好对待。也因此，他们形成了冷酷的性格，并且极度地嫉恨他人。他们无法忍受他人的幸福。这种善妒的个性也绝不是只有恶棍才有，事实上有些看起来正常的人也会有。这类人若是有了自己的孩子，或是承担起了教育责任，他们往往无法接受孩子们的童年比自己的童年过得开心。无论是对自己的孩子，还是对自己所监护的孩子，他们都无法接受这一点。

这种观点和想法，绝不是恶意捏造，这仅仅是对那些在成长时期受到恶劣对待和严厉教育的人的精神状态的描述。他们会用很多“正当”的理由来为自己的行为辩护，比如“棍棒之下出孝子”。他们也会用许多证据和案例，来证明自己的正确性。但是顽固、专横的教育只会使孩子远离教育者。

通过考察一系列不健康的症状及它们之间的相关性，再基于一定的实践，心理学家就能模拟出一个体系，通过这个体系，每个人隐藏的心理模式会得以显现。虽然通过个体人格某一方面的考察能够解释他整体人格的某种特征，但是只有当所考察的每个方面都能显示出相同的特征时我们才会感到满意。因而个体心理学是一门科学，也是一门艺术。在个体心理学中，理论框架和概念系统都不能被机械、死板地使用，这一点尤为重要。在所有进行的观察中，最重要的就是对个体本身的研究。我们绝不可以从一两个表述模型中就得出意义深远的结论，我们要尽可能地做到全面。唯有当我们成功地确认了我们的试验假设，只有当我们在个体其他的行为中都能找到同样的“固执和沮丧”，我们才可以确认“固执和沮丧”存在于这个人的整体人格中。

谨记：被研究对象并不理解其自身的行为表现，因而，他无法隐藏自我。我们通过他们的行为来判断其人格特点，一个人的人格并不能通过他所说的或者对自己的想法而得出，而是通过整体性观察其行为而获得。这并不是研究对象想要刻意对我们撒谎，而是人们在意识层面上对自我的认知与无意识的动机之间存有巨大的鸿沟。一个有着同理心且客观的旁观者恰恰可以帮助跨越这道鸿沟。这个旁观者，或是心理学家、或是家长、或是老师，都应当学会如何基于客观事实来阐述一个人的人格，这个客观事实体现了即使个体本人——在一定程度上——也未曾意识到的、有目的的追求。

因此，人们在面对个体生活与社会生活的三大问题时所持的态度，比面对任何其他问题的态度更能表现出一个人的真实自我。

1. 社会关系

这个问题我们在研究个体对现实的客观看法和主观看法之间的差异时已经讨论过。此外，还有一点需要说明，社会关系的问题会具体表现在结交朋友及与他人相处上。每个个体是如何面对这个问题的？每个个体又是如何回答这个问题？如果一个人对交朋友和拥有社会关系这两件事持无所谓的态度，并因而回避在社会关系中可能遇到的问题，那么“无所谓”就是他对这个问题的回应。当然，我们也能从“无所谓”这个答案中，得出关于他的人格取向和人格架构的结论。有一点需要注意：社会关系不仅仅局限于具体如何与人交往并结交朋友，那些抽象的特质，例如友谊、合作、信任和对于这段关系的忠诚，以及对社会关系问题的回答，都能够体现出一个人对社会关系的认知。

2. 职业

第二个值得被关注的基本问题与个体如何发展自己的一生有关，即他打算在普遍的社会分工中发挥什么样的作用？如果认为社会关系由一个超越了自我的你—我关系而决定，那么，第二个问题则可以看作由人类—地球的基本关系决定。如果我们将所有人类视作一人，这个人不断在与地球互动。他想要从地球上获得什么？恰如第一个问题的本质，个体的职业问题也不是个体单方面的私人问题，而是一个涉及世界的关系问题。这种关系也绝非由个体意志决定。因而，职业成就的取得并不取决于个体的个人意愿，而是来源于与客观现实的关系。基于这个原因，个体对职业问题的回答及其回答的方式就高度地反映了他的人格及其对生活的态度。

3. 两性

第三个基本问题则基于人类有两性之分。这个问题的答案也同样不是个体单方面的私人问题，而是与两性关系内在且客观的逻辑有关。因此，如果把“如何与异性相处？”简单地看作一个典型的个人问题，同样也是错误的。唯有仔细研究所有与两性关系相关的内容，才能正确解决这个问题。显而易见，如果偏离了爱情和婚姻的正确解决方法，则体现了人格的缺陷。因此，许多因为对这个问题处理不当而产生的不利后果，都可以归咎于更为根本的人格缺陷。

通过回答这三个基本问题，我们大概可以判断出个体的人格特征以及作为个体所独有的目标。个体所独有的目标往往具有决定意义，他决定了一个人的人格特征，并反映在这个人的行动上。因而，如果个体的目标指向生活中具有建设性的一面，那么，他解决这三个基本问题的方法也会具有建设性的一面。个体也会因此感受到幸福和快乐，并在这种建设性和有益的活动中获得价值感与力量感。与此相反，如果一个人的目标指向了消极面，那么个体就无法解决这些基本问题，也就不能获得由于妥善解决这些问题而收获的快乐。

这些基本问题之间存在着密切的联系。因为在社会生活中，这些基本问题还会触发一些特定的任务，而这些特定的任务又必须基于社会情感才能得以圆满完成。这些特定的任务在儿童时期就开始出现了，一个人的感官发展与他在看到、听到和讲话等社会生活方面的刺激保持一致，人也是在与兄弟、姐妹、父母、亲戚、熟人、伙伴、朋友和老师的关系中不断成长。在后续的生活中，个体继续以同样的方式成长，而那些脱离社会接触的人会感到迷茫。

个体心理学坚定地认为对人类社会有用的事才是“正确的”。任何对社会规范的偏离都可看作是对“正确之道”的偏离，这些偏离也会与客观的法律及现实之间产生冲突。这些冲突会使做出行为的人产生明显的无价值感，这种冲突也将引起受害者同等甚至更为强烈的报复动机。最后，值得注意的是，对社会规范的偏离还违反了人们内在的社会情感，而每个人都有意识或无意识地怀有这种情感。

因为个体心理学严格地强调把社会情感看作个体发展的检测指标，所以，个体心理学很容易理解和评价儿童的人格形成。只要儿童一旦碰到生活问题，就会在这种考验中表现出他是否对此准备充分。换句话说，我们可以从中看出他是否拥有社会情感，是否拥有对生活的勇气和理解力，是否追求对社会普遍有益的目标。随后，我们也会发现，他向上努力的方式及节奏，发现他的自卑感的程度以及社会情感的发展程度。所有这些相互交织、相互关联，最终形成一个有机的、不可分裂的统一体。这个统一体坚不可摧，直到其本身的缺陷显现出来，新的统一体才有可能被建立起来。

The Unity of Personality

第一章

人格统一性

孩子的精神生活非常奇妙，处处都让人着迷。要理解孩子的精神生活，尤为重要的是，对于儿童的某一特定事件的理解，需要将其放到孩子的整个人生画卷中，而非孤立地看待。孩子的每个行为都像在表述着他人格的全部，若是不了解其行为中所隐含的人格背景，也就无法理解孩子所做的事。这种现象被称为人格统一性。

人格统一性，也就是将行为及行为所暗含的内容协调而成为一个整体的方式，在孩子尚小时就已经形成。生活本身就会促使孩子整合自己的反应，而孩子在面对外界情境时的这种人格的统一性趋向，不仅会形成孩子的性格特征，同时也会让他的行为越发具有个性化，并进而与其他孩子区别开来。

但是，每个个体的人格统一性却往往被一些心理学派所忽略；或者说，即便没有被全部忽略，但也没有获得足够的重视。因而，这些心理学理论或在精神病的治疗实践中常常会把一个特定的表达孤立起来，就好像这些特定的表达本身是独立存在的。有时，会以“情结”来命名这些特定的表达，并且假定可以将这些“情结”从一个人的整体行为中区别出来。这就像是从一段完整的旋律中抽离出某个音符，然后不顾及整首旋律而只单独理解这个音符，这显然不够妥当，却又普遍存在。

个体心理学十分反对这种常见的错误做法，如果这种做法被应用于儿童教育，则会后患无穷。惩罚理论就是如此，只单独考虑某种行为。当孩子们做错了事后，我们会怎么做？我们往往会认为这是由于孩子的个性所致，而这个想法的弊多于利，要是这个孩子一而再，再而三地犯错，那么无论是老师还是家长都会认为这个孩子无可救药。而若是面对行为举止一直较好的孩子犯错时，大人就不会深究其错。不管是第一种情况还是第二种情况，我们都没有按照自己应该做的那样将孩子犯错的真实原因找出来，而这个找原因的过程是基于对孩子人格统一性的全面了解。我们总是想要通过几个音符就来解读整首曲子。

当我们问孩子“为什么你这么懒？”时，这个问题本身就决定了我们将得不到答案。同样的问题，还有“你为什么撒谎？”。几千年前，对人性有着深刻见解的苏格拉底的那句名言依旧在我们耳边回响：“认识你自己。”然而，我们却要求孩子们回答这样一个即便对于心理学家而言也极其复杂的问题。唯有基于对整体人格有所了解后，我们才有可能尝试理解个体的某一单个行为。这并不需要我们把孩子的每个行为表述出来，而是要尝试着去理解孩子在面临任务时所采取的态度。

下面的案例可以帮助我们理解为何了解孩子的整体生活背景如此重要。

第一个主人公，是一个 13 岁的男孩，他是家里三个孩子中最大的。在他 8 岁以前，他是家里唯一的孩子，也自然是全家的焦点。之后，妹妹出生了。在此之前，他是家里所有人关爱的对象。妈妈对他宠爱有加，爸爸是一个安静且善良的人，他很享受被孩子依赖的感觉。由于爸爸是军人且经常不在家，孩子和妈妈更为亲密。他的妈妈是一位聪慧且善良的女士，她努力满足儿子一时兴起的各种想法。然而，儿子不礼貌甚至有些危险性的举止也让她感到不安。他们的关系开始紧张，这种紧张尤其表现在孩子总想欺负妈妈——命令妈妈、捉弄妈妈，不分场合时宜地捣乱。

虽然他总是惹麻烦，但是孩子的本质并不坏，所以妈妈总是由着他，帮他整理衣服，辅导功课。孩子也一直相信只要自己有了麻烦，妈妈就一定会来帮他。他很聪明，也接受了良好的教育，与其他同年龄段的孩子相差无几，学习也很顺利。但是，在他 8 岁时，妹妹出生了，这巨大的变化让母子之间的关系逐渐恶化，他开始自暴自弃，完全不爱惜自己。在妈妈不能满足他的需求时，他会拽妈妈的头发；他不会让妈妈享受片刻的宁静，要么捏妈妈的耳朵，要么拉她的手。随着妹妹长大，他更不愿意改正自己的行为，也越固执于自己设计的行为模式。他的妹妹渐渐成为他的目标。他还没有发展到会伤害妹妹的身体，但他对妹妹的嫉妒心已非常明显。他的这些行为倾向起始于妹妹的出生，也随着妹妹日渐长大而恶化。

当孩子不受欢迎的行为不减反增、当孩子出现了一些新的招人讨厌的迹象时，我们不仅仅要考虑其出现的时间，也需要考虑“原因”。这里之所以使用“原因”一词，也是不得已而为之，对于我们而言，确实很难理解为何妹妹的出生会是哥哥成为问题儿童的原因。尽管这种事情出现频率很高，但两者之所以会出现关联也是因为有的孩子没有用正确的态度来看待弟弟妹妹的出生。如果从物理学意义上的因果关系来衡量这两者的关系，严格意义上而言，一个孩子的出生与另一个孩子行为举止不端之间并不互为因果，我们怎么能说大孩子因为小孩子的出生就变坏了呢？我们可以确定石头的掉落，会沿着一定的方向并且按照一定的速度进行，但是凭借个体心理学的观察，这种心理上的“坠落”则未必有何关系——除非在这个过程中出现了或大或小的错误，以至于影响到了个体未来的发展。

随着心理的变化发展，人在成长中多少都会犯错，这不足为奇，这些错误及其后果最终会以某种失败或是以某种人生导向上的错误呈现出来。之所以如此，是由于人在心理上，都会设定某个目标，正是这个目标指引着我们的行为，而这个目标的设定是否正确则与每个人的判断有关——这就有了犯错的可能性。早在儿童时期，设定目标的行为就已经出现。一般来说，在孩子们两三岁时，他们就会开始确立自己要追求什么，此后，他们会以其为指引并被这个心理目标所牵引。虽然心理目标在制订的过程中本身就会出现偏差，可是孩子一旦设定了目标，就很难扭转，而这个目标又会反过来牵绊住孩子。孩子会将他们的目标具体化，全身心地投入以追求自己的心理目标，通过具体的行为渗透至整个人生的安排。

这也解释了为何我们在解释孩子的单个行为时，要时刻谨记孩子们的发展取决于他们的人格特点，这非常重要，此外，还有一点很重要，要意识到当孩子们接触一个新的困境时，他们总会陷入自己错误行为的怪圈。孩子对客观事物所形成的印象，这个印象并不是基于客观事物本身，而是建立在孩子是如何看待这个客观事物之上的。这不同于物理学意义上的因果关系，一个客观事实与其绝对的意义之间有较强因果关系，但是，对这个客观事实的错误观点则绝非由客观事实本身所引致。

人类心理活动的奇妙之处就在于我们对于事情的看法并不取决于事情本身，而我们的看法却又在左右我们的行动。这一点非常重要，因为我们每个人的所有行动及人格形成都是基于个人的心理活动。主观想法到底会如何左右着人们的行为，有一个恺撒大帝的经典案例。恺撒大帝在抵达埃及跳上海岸时，摔了一跤，整个人扑倒在地，罗马士兵们认为这是一个不吉之兆。这时，恺撒以拥抱的方式张开双臂，大喊一句：“非洲，你是我的了！”若不是这样大喊一句的应变，即便是这些不畏沙场的士兵也极有可能因不祥之兆而撤退。通过这个例子，我们可以看出，真正客观的因果关系几乎不可见。现实中真正呈现出的结果往往都是经由人的主观解读并重新定义后而得。在从众心理中，我们也可以看到这个观点同样成立：当某个从众心理被理性的常识所取代时，无论是被取代的从众心理或是取而代之的理性常识都不是因为客观所致，都不过是一种主观性的选择。而且，理性常识往往是在错误的主观看法起不到什么作用时才会显露出来。

再说回之前的那个小男孩，我们可以假定他很快就发现自己处于困境，如果继续他的行为，没有人再喜欢他，他在学业上也将毫无进展。他的行为不断带给他人麻烦，而这也成为他表达整体人格的方式。那么，接着会如何？无论他干扰到谁，他都会立刻受到惩罚。他将会得到写有他所犯错误的报告单，他的家长也会收到投诉信。事情就这样持续进行下去，直到这个孩子的家长收到学校的劝退建议，因为这个孩子似乎不太适合学校生活。

而这或许正是处于当时情景中的这个孩子所希望的。他行为背后人格上的一致性已经揭示了他会对这个结果采取何种态度。虽然是错误的态度，但是一旦他持有这个态度，行为就会依态度而定。时时被关注已经成为他的心理目的，这是一个底层的错误。较之他因为做错事而被惩罚，这个底层的错误才是真正要被重视的。恰恰源于这样一个基础性的错误，他才不断想要被妈妈关注。也恰恰因为这个基础性的错误，他就像是一个在8年里拥有绝对权力却又忽然间被赶下王位的国王。在这8年里，他一直都是妈妈眼里唯一的宝贝，在他的眼中，也只有妈妈。之后，家里有了妹妹，他想要拼尽全力再次夺回他的宝座。这又是那个低级错误所致。不过，这并不是不可原谅的错误，因为孩子的内在并不坏，也不恶毒。最初的愤怒源于他尚未对环境的变化做好准备，而在孩子内心出现冲突时，又没有得到任何的指引。举个例子，某个孩子一直被某个人全身心的关注，进入学校后，情况大不相同。在学校里，老师必须要关注到所有的孩子，注意力自然也分散在各个孩子身上，若是这个孩子想要获得更多一些的关注，他很可能采取让老师生气的方式。因此，一直被娇惯的孩子，在面对入学这个变化时，就会出现危机。但是，这些孩子绝不是天生就不可救药的坏孩子。

通过这个案例，我们看到，真正的冲突出现在这个孩子自己所设定的心理目标与学校所规定的目标路径之间。这个冲突可以更形象化地解释为是孩子根据心理目标所设定的人格发展方向与学校所设定的学生发展方向上的不同。孩子生活中发生的一切都是在朝着这个心理目标而努力，也就是说，除非这个目标本身有所变化，不然，生活的方方面面不可能有所变化。而同时，校方却有着自己的目标，学校希望所有的孩子都能有常规的节奏。学校与孩子的想法并不一致，冲突也就难以避免。而学校往往忽略了学生的心理状态，在解决问题时未能予以包容，也没有试着去寻根溯源，从根本上解决问题。

现在我们理解了这个孩子的生活都围绕着一个主要的渴求，也就是让妈妈只围着自己转，并且为自己做各种各样的事。在他所形成的心理机制中，所有存在的一切都聚焦于一个想法：我要控制妈妈，她只属于我。可是学校对他的要求却与此不同。在学校里，他需要具备独立能力，要能完成学校布置的功课，整理好自己的物品。对这个孩子来说，这就像是给一匹烈马套上了缰绳。

孩子在这种情况下，很难有好的状态。当了解真实境况后，我们很容易产生同理心。学校对孩子所施加的惩罚并不会对孩子有帮助，因为惩罚只会让孩子认为学校不适合自己。当他被赶出学校，或者当家长把他领回家时，孩子达到了自己的目的。孩子错误的心理机制更像一个陷阱，他感觉获得了自己想要的，他再次获得了对妈妈的掌控，妈妈又再一次开始专注于他，这正是他所期盼的、想要的。

认识到了问题的根源，我们不得不承认，揪出孩子的错误并加以处罚毫无意义。比如，孩子忘记带课本，要是他能记得反倒不太符合他的心理机制，因为只有忘记带课本时，他才可以请妈妈帮忙。我们不要孤立地看待一个行为，这是他整个人格体系中的一部分。我们要时刻记得人格会以各种方式表达出来，而不同的表达之间又能协调一致，组成一个完整的统一体。在这个男孩的案例中，我们可以看到孩子在按照自己的方式生活，他平时的行事风格与其人格在逻辑上完全一致，而这个事实也正好可以反驳下面这个假设：孩子的成绩不好是因为智力方面跟不上。若是智力方面有问题，那就无法将自己的行事风格一以贯之地进行下去。

这个复杂的例子还能引申出另外一点。我们所有人身上都多少有着与这个孩子类似的情形。我们每个人的心理机制，我们对于生活的解释，都不太可能一直与既定的社会传统和谐一致。旧时，人们会认为社会传统视作神圣不可侵犯的；而现在，我们知道，所有的制度都在不断地变化与发展，既不是高高在上，也不是一成不变，而引发其发展变化的，恰恰是人们在社会生活中的不断抗争及努力。社会制度之所以会出现，就是因为它着眼于每个人个体的利益，而不是让个体适应社会制度。个体的解放，要给予社会意识方面的培养，但是社会意识绝不是迫使所有人都按照不变的社会模式去生活。

对个体与社会之间两者关系的考虑，正是建立个体心理学理论的基础，而对这两者相互间关系的考虑也影响到学校体系及其对待行为失调孩子的方式方法。学校应当将每个孩子视作独立的个体，每个孩子都蕴含着有待被开发与发展的价值，我们也同时要学习如何从心理学的视角来评估孩子的每个特别的行为。每个特别的行为，都不是单一的音符，应当将其还原到整首乐曲也就是整体人格中来看待。

The Striving for Superiority and Its Educational Significance

第二章

追求优越及其在教育上的意义

继上一章谈及的人格统一性之后，追求优越以及对成功的渴望，也是人性中一个非常重要的心理学真相。如果不是感到了自卑，我们也就不会想去改善当下的境况。追求优越与自卑感，是同一个心理现象的两个表象。不过在具体分析中，还是会将这二者区分开来论述。在本章中，我们将会聚焦于前者，也就是追求优越以及追求优越在教育上的意义。

首先需要回答的一个问题是：这种对优越感的追求，是否如同其他的生理本能一样，是天生的呢？对此，我们的答复是：这一构想不太可能成立。不过，尽管我们认为人并不是天生就会追求优越感，但我们也必须承认，在形成胚胎时，就已经出现了对优越感的追求。并且，也极有可能随着个体的成长不断变化。较之天生就有的说法，更为准确的表达是：追求优越与人性，两者紧密相连。

人类的活动有着明确的局限，有一些能力我们无论如何也无法发展出来。比如，我们不可能有狗的嗅觉，也无法用肉眼看到紫外线。但是也有一些能力是能够获得进一步发展，之所以会有这些发展的可能，恰恰是因为在我们的生理学根源上就存有对优越感的追求，这也同样是人格获得进一步发展的源头所在。

据我们所知，无论是孩子还是成人，都想要努力地表现自我。我们无法消除这一点。人性无法忍受永久的屈服，人们甚至会推翻自己的神灵。被贬损、被降级、迷茫感与自卑感，这些都会促使人去超越与升级，进而从心理层面获得补偿，感到自己的完美。

有一些孩子会努力脱离让他们感到自卑、无能与迷茫的环境，但自卑、无能与迷茫的感受并不会自此不再产生，而是不断刺激他们的精神生活。这些孩子会制定让自己从这种境况中解脱的心理目标，并希望自己能够到达一个更高的水平以此来满足自己的心理目标。这种提升自己的渴求越是强烈，孩子们的目标就会定得越高。努力证明自己的能力，甚至希望能证明自己可以超越人类极限。孩子们在其所处的年龄段里，往往会得到来自方方面面的支持与照顾，孩子们也因此很容易错误地估计自己真实的能力，甚至会对未来抱有幻想：像上帝般无所不能。孩子很容易忘记真实情形而从心里假想自己是某种类似神明的存在。这种情形更容易发生在那些面对真实情况无力且软弱的孩子身上。

下面是一个 14 岁孩子的案例，这个孩子当时的心理状态极差。当被问及他对童年的印象时，他回忆起自己 6 岁时还不会吹口哨，为此非常难受。忽然有一天，他在走出家门时居然吹出了声音，他觉得这一切发生得太惊奇了，他相信这是上帝在帮助他。这恰恰清楚地显示出，一边是脆弱感，另一边是上帝式的全能感，这两种感觉间有着紧密的联系。

对优越感的追求往往会与孩子显著的性格特征之间有一定的关系。通过对这种趋势的观察，我们能看出孩子全部的野心。当对自我肯定的需求极为强烈时，也就是当孩子很想得到来自他人的肯定时，也往往意味着会出现嫉妒心。这个类型的孩子会很容易就形成一种思维模式，即希望他所有的竞争者遭遇不顺；而且不会只停留在希望这个层面，甚至会导致更为严重的精神问题，他们会闯祸，会对他人造成伤害，尽管对后果心知肚明但依旧会出现犯罪行为。这些孩子会为了显示自己而诽谤他人，会泄密、会贬低他人。任何人都不能超越他，所以对他来说，抬高自己与贬低别人有着同样的效果。当这样的意愿极强时，甚至会以恶毒的方式达成所愿。这些孩子的态度总是充满了挑衅，且目中无人：他们的眼神总是闪烁不定；他们会忽然发脾气，好像总处在要跳起来和对方干仗的状态。当追求优越感成为心理目标时，孩子就很难接受来自学校的考核，因为这样的考核太容易让自己的无价值感暴露出来。

这个案例显示出有必要根据孩子的心理特征来调整考试制度。一个同样的考试，对每个孩子而言却意义不同。我们常常看到，对有些孩子而言，考试是一个很大的负担，只要说起考试，这些孩子就会脸色发白，不但连话也说不清楚，甚至会全身发抖，胆怯与害怕让他们的大脑一片空白。有些孩子只能在熟悉的人面前回答问题，否则被别人盯着只会让他们无法开口。这种对优越感的追求还会在玩耍时表现出来，当孩子的内心有强烈的对优越性的追求时，他们无法在车夫赶马车的游戏中扮演马车。他只能接受自己是车夫，只愿意领导和指挥他人。如果没有机会扮演这样的角色，他会想办法扰乱游戏，以此来获得别人的关注，取悦自己。如果他继续在其他方面受到挫折并因此气馁，这会严重打击他的进取心，在面对新情况时，他只会退缩，不会迎难而上。

那些尚未灰心、依旧有着强烈野心的孩子，则仍旧喜欢玩各种充满竞争性的游戏，当受挫时，他们也会感到害怕和恐惧。我们往往可以通过观察孩子喜欢玩什么样的游戏、爱听什么样的故事，以及喜好什么样的历史人物，来推断出他渴望得到怎样的自我肯定。成人也是这样，一个信心满满、斗志昂扬的人，通常都会将拿破仑看作自己的偶像或榜样，而狂妄自大、整日陷入幻想的人，内在又往往是自卑的，正因如此，他们才会想要在现实以外的地方弥补这样的缺失，获得心理上的满足。这种情况除了在日常生活中会出现外，在梦中也会出现。

根据观察孩子们寻求优越感的不同方式，可以将他们分为不同类型。由于孩子之间的差异不计其数，这个分类无法做到精准，但最关键的是孩子对自己有多少信心。正常发展的孩子会将对优越感的追求导向有益的方向，他们会让老师比较满意，也能保持整洁，能够成长为学校里正常的学生。但是，根据我们的经验，这样的孩子并不占多数。

此外，还有一些孩子为了比他人更为优秀，他们会付出异于常人的努力。而这些生命中不正常的音符由于很容易被视作美德而被大家忽略，并进而激发孩子们付出更多的努力。但是孩子们会在这个不正常的努力过程中受到伤害，这样的做法并不太好。孩子们能够在一定程度内承受膨胀的野心所带来的紧张，但是这样的紧张会不可避免地越来越强烈。孩子们会花大量的时间待在家读书，而这会影响孩子在其他方面的发展。这些孩子会回避其他场景，而仅仅聚焦于成为学校尖子生的途径。对于这样的情形，我们绝不可以满足其中，因为这会影响到孩子们精神及身体上的发育。

以这样的人生方式来超越其他孩子，对孩子们而言并不是最恰当的成长方式。应当有人来告诉这些孩子们，不要将所有时间都花在课本上，要走到户外，要多和其他孩子一起玩耍，要让自己的生活丰富多彩起来。这个类型的孩子并不占多数，但是确实经常出现。

此外，还有一种经常发生的情形会出现在同班暗暗较劲的孩子之间。如果有条件近距离观察，你就会发现这些总和别人较劲的孩子身上会有些不受人欢迎的特质。他们很容易嫉妒别人，但嫉妒绝不会帮助他们自立以及让他们学会与他人和谐相处。他们会因为其他孩子的成功而苦恼，当有其他人领先自己时，他们甚至会出现身体上的不适，比如，头疼或胃痛。当其他孩子被表扬时，他们会退避一旁，他们无法从内心表达出对其他孩子的欣赏。嫉妒心无法让光明洒在过剩的野心上。

这些孩子自然也无法很好地与其他孩子相处。他们只愿意成为发号施令的人，即使在游戏中，他们也不愿意服从于他人。因而，他们在同学面前态度傲慢，没法与同伴愉快玩耍，使得他们更加确信自己在同伴中的地位岌岌可危。这类孩子对获得成功没有信心，会为自己所处的危险境地感到慌乱。他们背负着自己和他人的期待，压力重重。

这些孩子总能敏感地捕捉到来自家人的期待。由于希望能成为众人眼中的焦点，他们总想要超越周围的其他人，他们会兴奋且紧张地去完成每项任务，因此而承受着由于外在期待而带来的压力，只要周围的环境没有对他们不利，他们会一直“负重前行”。

如果人类被赐予绝对真理，如果我们能够找寻到完美的方法将孩子们从这样的困境中解救，那么就不会再有什么问题儿童了。然而，我们既没有这样完美的办法，也不可能给孩子们提供完美的学习条件，故而若是孩子过度追求成功，就会格外危险。这些孩子与其他孩子在面对困难时的感受颇为不同。这里的困难是指那些不可避免的困难。我们无法保护孩子们能一直免遭困难，当下如此，未来也是。一方面，我们不断调整并改善帮助孩子们的方法，希望能根据不同的孩子找到适合每个个体的不同方法。另一方面，我们也要认识到，过度的野心会毁了孩子们的自信；若是信心不足，就无法面对人生的难题。

过度进取的孩子会过分期待来自他人的认可以及获取成功。

仅仅获得成功不足以让他们满足，他们需要被外人认可。但在多数情况下，对于孩子而言，面对困难，能够维持心智上的平衡会比真正解决困难更为重要。过度进取的孩子无法理解这一点，对他们来说，生命的意义就是能获得来自他人的羡慕。这也是为何我们周围有那么多人会如此关注来自他人的评价。

在有先天性器官缺陷的孩子身上，更能看到价值观均衡发展的重要性。这样的事例极为普遍。有不少孩子身体左侧的发育更好，但是很多人却不理解这一点。惯用左手的孩子在这个默认以右手为主的世界里会碰到很多麻烦。我们有必要找到一些方法来确认孩子到底擅长用左手还是右手。几乎无一例外的，我们总是能从不擅长书写、阅读和画画的孩子中找到惯用左手的孩子，他们总会觉得自己的手很笨拙。有一个比较简单但不一定绝对正确的，判断孩子擅长用哪只手的方法，让孩子们随意将两只手交叉，注意观察是哪只手的大拇指在上面。惯用左手的孩子，往往他们的左手大拇指会在右手大拇指上面。结果会让你很惊讶，原来有那么多人都惯用左手。

观察这些为数不少的惯用左手的孩子，会发现下面这些事实：

首先，毫无疑问，这些惯用左手的孩子们，身处一切规范都是以惯用右手为背景所设置的环境中，会显得不够聪明，有些笨拙。要想理解这一点，如果你是生活在右舵驾驶的国家，只需要想象一下自己要在一个左舵驾驶的城市（比如，英国、阿根廷）

里过马路，马上就能体会到那份焦灼。如果全家其他人都是用右手，那这个家里唯一的那个用左手的孩子所面对的情景会更为糟糕。惯用左手的习惯会影响到家人，当然也会影响到他自己。当他入学开始学习写字时，他会发现自己落后于班上的平均水平。可是却无人理解他，他只会被责骂，得到低分，而且还因此受到惩罚。孩子无法解释这种境况，只能相信自己在某些方面比其他人差。进而觉得自己各方面都不够好，自己很差劲，比不上其他孩子。家人也常常责备他，这都不断强化了孩子的自卑感。

孩子们自然不愿意因此消沉，但的确有不少孩子会放弃努力。他们不知道真实情形，也没有人来告诉他们如何逾越这样的困境。让孩子们独立面对与奋斗，实属不易。有许多人因为惯用左手，而右手又没有得到足够的练习，以至于长大后依旧不清楚自己到底擅长用哪只手。事实上，这是一个可以被克服的困难，有不少优秀的作家、画家，还有雕刻艺术家，也都惯用左手。他们通过刻意训练，没有让惯用左手成为自己的阻碍。还有一种迷信的说法，说如果刻意训练惯用左手的人，让他们开始用右手，就会出现口吃。这个迷信恰恰可以解释这些孩子们所面对的困难，有时会足以让他们丧失说话的信心。这也可以解释为何有那么多惯用左手的孩子会出现其他的问题（比如神经官能症、自杀、心理变态等等）。

同时，另一方面，我们也经常会看到，一旦惯用左手的人克服了自己的困境，他们往往会取得成功，尤其是在艺术领域里。

即便惯用左手并不是什么明显的性格特征，但依旧让我们收获很多有意义的启发：在孩子的勇气与坚持尚未呈现时，我们无法对孩子的能力做出判断；我们对孩子的苛求，似乎会浇灭他们对未来的希望，但希望依旧在孩子们的心里；假如我们支持他们，帮助他们重拾勇气，他们有可能在未来取得更大的成功。

过度进取的孩子，往往身处不利的环境中。在这个环境里，他们仅仅因为自己的成功与否而被评价，而不是他们在面对困难时所做的努力，以及他们如何挑战困难。这也反映了我们现在的主流文化，我们更容易去关注可见的成功而不是良好的教养。我们也都清楚没有付诸努力的成功多么易碎。因而，在我们的教育中，如果只是让孩子的野心越来越大，那并无益处。我们更应当培养孩子们面对困难时的勇气、毅力及自信心，应当培养他们在面对困难时的行动力，能够主动寻求解决方案，而不是一碰到困难就泄气与沮丧。要是老师能在教学过程中，了解到一些学生在困难面前其实已经倾尽全力，可还是无法获得进步，如果能及早地对此做出判断，反而会有利于孩子，能帮助孩子们正确地迈向下一步。

追求优越会表现为性格特征上的野心勃勃。有些孩子，最初也以野心表现出对优越感的追求，但是当他们发现周围还有比自己的野心更强烈的孩子时，他们会渐渐放弃。老师们会以比较严厉的态度对待这些野心不足的孩子，也会给他们差评并以此希冀能够唤醒孩子们休眠的野心。如果孩子还有勇气，这种方法会有成效。但是，这样的方法不应当被推而广之。若是将其用在成绩已经不太好的孩子身上，会让他们更不知所措，更加笨拙。

另一方面，我们也会经常惊喜地看到，当孩子们被温柔对待，得到关爱与理解时，他们会释放出让人震惊的能力与智慧。孩子们会愈发要强，他们不愿意再回到以前那个状态。过去的生活状态、成就感的匮乏，都会成为时时的警醒，督促孩子们不断向前。这之后，这些孩子就像是被注入了魔力，他们夜以继日，能够忍受不间断的工作，并且还总是感觉做得不够。

请谨记个体心理学的主要思想：不管是成人还是孩子，每个人的人格都完整且统一，而每个人的人格与行为方式又相互作用，一定的人格会出现一定的行为方式，而行为方式又反过来加强人格特征。不考虑人格而只是单一地评价某个行为是不可取的，因为每个行为都可以从多个角度来解释。随着我们对某个行为的全面理解，判断中的不确定性就会减少。比如，孩子们之所以在对待学校布置的任务时拖拖拉拉，其实是因为孩子们不想和学校有什么关系。事实上，孩子们会想各种办法来不配合学校。

从这个角度，我们可以看到一个“坏”学生是怎样形成的。孩子们一方面在追求优越感，可是他们又无法在遵从学校安排的基础上实现对优越感的追求，于是开始出现那些不符合学校规定的行为。这样的行为发展下去，孩子们就变成了屡教不改，甚至开始与学校对着干。他们有的会在学校里像小丑，不时地搞一些恶作剧，也可能会打扰其他孩子，甚至发展成旷课，混入到社会的不良人群里去。

我们的手里不仅仅握着孩子们在学校这段时间的命运，事实上，作为完整个体的他的未来，也与这段时间有关。学生时期的教育与受训会对一个个体未来的发展起到关键性的作用。学生时期介于家庭与社会之间，在这个时期，既可以纠正过往在家庭成长过程中生活方式所引致的错误，也可以帮助孩子们为之后走入社会做好准备，能够让孩子们自立且和谐地融入未来的社会。

以历史性的观点审视学校的功能后，我们会发现，它总是与当下统治者的标准密切相关。从贵族时代到宗教时代、从资产阶级时代到民主社会，都是这样。学校总是在以当时的社会理想为基础去打造孩子。如今，我们的整个社会理想在发生变化，相应地，我们的学校也随之而变化。故而，当今天的理想人格是“独立、自控且有勇气”时，学校自然会调整其自身，以便从学校里走出的孩子能够达到这样的人格要求。

另外，从校方的角度，要记得是在为社会培养人才，而不是为了学校自己的目标。学校需要留意那些对自己失去信心的孩子。这些孩子不一定缺乏对优越感的追求，他们只是暂时将自己的注意力转移到了别处，那些让他们没有那么大压力的方面。无论他们的做法对或错，他们都相信在这些方面会更容易成功。在过去的经验中，他们也可能碰巧在某些方面获得了这样的成功。比如，他们或许不擅长数学，但是，他们却能在运动场上拔得头筹。作为教育者，我们不应当忽略孩子们任何一点闪光处，应当以其来鼓励孩子们在其他方面也能获得进步。如果老师们能在开始时就给予鼓励，孩子们在老师的帮助下认识到自己有能力、有信心在其他领域里取得成功，这个开端会带来事半功倍的效果。对于孩子们而言，从一个成果丰硕的园地走向另一个未来可期的园地，极具吸引力。除了智障儿童外，所有孩子都完全有能力完成学校的功课，而这中间唯一的阻拦往往是一些人为造成的障碍。之所以会有这些人为的障碍，是因为我们在评价一个学生时仅仅依赖于学生的成绩，没有考虑到教育的最终目标以及教育的社会意义。而对于孩子而言，这些人为的障碍会令孩子们丧失自信，会让孩子们由于找不到合适的行为而放弃对优越性的追求。

那么，面对这些人为的障碍，孩子们会怎么办呢？他们会想办法逃离。这些孩子会有一些不被老师待见但又会吸引到老师关注的特质，比如鲁莽、固执，也可能仅仅是引起了其他孩子们对他刮目相看。这些孩子通过不断制造麻烦来显示自己的本事，仿若自己是个英雄式的人物。

在学校的氛围中，这些心理偏差都会显现出来。但是，学校并不是问题的根源所在。应该说，在学校的主动教学与纠偏过程中，学校被动地遇到了孩子们这些在更早期家庭生活中所埋下的隐患。

一个有经验且观察力敏锐的老师，在孩子入学的第一天就能看出问题所在。那些来到新环境后感觉难受又痛苦的孩子，往往是在家里被父母宠惯了。他们不知道如何与他人打交道，可是社交又如此重要。在孩子入学前，若是已经了解该怎么与他人交往，对他会很有帮助。他必须学会不止依赖一个人。学校的确可以帮助孩子们调整过往的偏差，但若能在入学前就将偏差缩小，那孩子们就会更为适应。

被娇惯的孩子，刚入学时很难将注意力放在学业上。比起上学，他们更愿意待在家里，他们不太有“上学的感觉”。我们很容易能从他们身上看到对学校的厌恶。家长们要在每天早晨哄着孩子去学校，要不断催着他们做这个做那个，家长们会发现孩子们吃早餐时很磨蹭，等等。由于这样一个自己给自己设置的障碍，他们似乎没有办法取得任何进步。

如何帮助这些孩子？与之前“惯用左手”的情景一样，我们要让孩子有时间成长，在孩子迟到时不要惩罚他，惩罚只会引发孩子对学校的厌恶。惩罚会让孩子不断加强自己的错误认知，认为自己不属于学校。若是家长鞭策着孩子去学校，那么他们不仅不想去学校，而且还会想方设法地给自己找出路。找出路并不是说孩子会想要解决面前这个麻烦，而是会去想办法逃脱。对学校的厌恶，无法应对学校带给自己的这些问题，会一一表现在他的行为上。他总是不能把书放在一起，总是忘记带书甚至丢了书。如果一个孩子经常性地忘记带书或者弄丢书，我们在一定程度上可以确认这个孩子没有适应学校的生活。

观察这些孩子，我们发现他们几乎无法在学校取得任何成功。对自我的贬损性评价并不是他们自己的过错，他们周围的环境更助长了他们朝错误方向的发展。在家里，大人生气时脱口而出说孩子不成器，更有甚者会骂孩子很笨，说孩子毫无价值。当孩子回到学校时，又似乎在验证这些。孩子们缺乏批判能力，也没有分析的能力（其实，大人又何尝不是），所以没有办法去纠正这些贴在他们身上的错误标签。他们甚至还没有开始战斗就放弃了，他们觉得自己的失败是难以逾越的障碍，他们的失败只会使他们更加确信自己的无能与差劲。

一旦错误形成，就很难被纠正。这些落后的孩子尽管也在努力，并且是可见的努力，但是却难以赶上，于是他们很快会放弃并开始想方设法不去学校。旷课，是一个危险的信号。旷课被看成是很严重的过错，会受到严厉的惩罚。于是，孩子们会为了自保而耍心机来掩藏自己的行为。除了逃学，孩子们还会犯下其他的错误，诸如冒充家长签字、改成绩单。他们会在家里编造各种各样的谎言来掩盖自己的旷课行为，他们会在上课时间找个地方待着，这些地方早已经有了其他旷课的孩子。但是孩子们对于优越感的追求无法通过旷课被满足，这就会引发他们其他的行为，比如犯罪。他们会一发不可收拾，最终会拉帮结派、偷盗，沾染上更多恶习。但孩子们却觉得做这些代表着自己成熟了。

孩子们一旦跨出这一步，就会不断在这条路上找寻更多的方式来获得优越感。只要他们的劣迹还未被发现，他们就会不断尝试触碰底线。这就是为何那么多孩子不愿意走向正途，而在犯罪之路上越走越远。他们深信自己在其他领域或者方向上，不可能获得成功。他们放弃了所有能够促使他们回到正途的行为。他的同伴又不断点燃他更大的野心，让他们做更为出格的事情。每个有犯罪倾向的孩子同时都极度自负，野心造成了孩子们的自负，而这自负又挟持着孩子们不断用各种方法让自己能够与众不同。当他们无法在正常秩序中寻得一地时，他们就会走向歧途。

下面案例中的这个孩子杀了自己的老师。在审查这个案例时，这个孩子身上能找到上述所有特征。这个孩子的成长环境不仅谨慎而且充满了紧张感，他的家庭教师认为自己无所不知，包括精神生活的方方面面。孩子由于无法达到自己定得极高的目标而渐渐失去信心，直到最后完全丧失自信。他无法从生活和学习中获得优越感，他开始触碰法律。这些违法行为让他逃脱了学校老师和家庭教师对他的管控。时至今日，还没有针对少年犯的处理办法。而少年犯的问题往往出在教育上，这也是无法出台有效处理办法的原因。

从事教育工作的人总会遇到一个很有意思的情形：那些任性且自负的孩子，多数都来自老师、医生或者律师家庭。不仅仅是专业水平一般的家长，即便是家长在自己专业领域很有话语权，也会出现这种情况。尽管他们在专业上堪称权威，但他们却无法带给自己的家庭平静与秩序。有人认为这是由于在这些家庭里，要么忽视了、要么没有完全理解那些重要的观点。也有可能是因为一方面是一家之长，一方面又是某方面的权威，这就会让他在家里也实施那些严格的规矩。家长们严格管控孩子，这会威胁到孩子们的独立，甚至完全无视孩子作为独立个体的存在，而令其听从于自己。那些身上的藤条印成为孩子们难以磨灭的惨痛记忆，也是日后反抗甚至报复的根源。家长同时要谨记，刻意用心的教育也会增强对孩子的关注，这自然有很多好处，但是也会引发孩子总想要占据聚光灯下的位置。这些孩子不会为自己的人生做决定，他们认为其他人才是负责方，其他人需要去负责克服困难，而他们则无须承担任何责任。

Directing the Superiority Striving

第三章

有效引导对优越感的追求

众所周知，每个孩子都有追求优越的渴求。老师及父母需要有效地引导孩子们对优越感的追求，将其导向对孩子有利的一面，从而帮助孩子们取得人生丰硕的果实，帮助孩子们获得精神的健康与幸福，而不是引发精神的混乱或是出现精神问题。

怎么做才算是有效的引导？怎样做是无效的引导？什么是这二者的区别？其标准为个体的行为是否符合社会利益。当我们谈到一个人的成就、价值时，一定与他所做的事为社会带来的利益有关。回想人类历史上的伟大创举，那些高尚的、非凡的、富有意义的人和事绝不只是对当事人本身而言，而是对整个社会而言的。因此，在孩子的教育中，要注意培养孩子的社会情感，让孩子们意识到自我价值与社会利益之间的联系。

未能理解社会情感的孩子很容易成为问题儿童，他们对优越感的追求未能被指引至对成长有利的方向。

如何评判是否对社会有用，大家所持的观点不同，甚至大相径庭。但是有一点很明确：我们可以通过一棵树的果实状况对树做出判断。每个特定的行为也能通过行为会引发的结果判断它是否对社会有用，这也意味着在做出衡量时要考虑到时间与效果。行为最终会与现实中的秩序相互作用，正是它们之间的相互作用可以帮助判断出行为是否满足了社会的需求。事物的普遍运行规则是判断一个行为是否有价值的标准，个体的行为是否有益于社会终究会显现出来。而且，在日常生活中，我们无须很复杂的技巧就能做出判断。虽然我们不太擅长对社会的发展与政治的趋向做出判断，而这两者，也总是充满了争议。但是，就人类的生活以及作为我们个人的个体生活而言，我们能够通过最终效果判断出最初的行为是否具有社会意义。若是秉持科学的态度，我们不能简单地评定某个行为是好的或者有用的。人生的问题又往往与地球、宇宙及人类的相互关系有联系。而来自人类及宇宙方面的制约，就如同一道放在我们面前的数学题，答案就隐藏在问题之中，可是我们却未必能解答出来。而解答得正确与否只能在真实场景中得到验证。有时答案揭晓得太晚，当我们知晓答案时已经错过了改正的机会，让人深感遗憾。

人们往往不会以逻辑且客观的角度来审视自己的生命，故而也就无法看到我们行为模式在生命中出现的一致性与连贯性。因而，当生活中出现问题时，人们就会害怕，陷入错乱，而不是想办法来解决问题。就儿童教育而言，也要时刻记得，孩子们也往往不清楚生活中出现的问题对他们而言意味着什么，在他们偏离生活正轨时，他们很难在消极的经历中获得积极且促进自己的经验，“吃一堑长一智”绝非易事。正因为这个原因，我们要让孩子们明白该如何看待自己的生命，我们的生命绝不是一系列无关事件的组合，事实上，这些看似无关的事件背后总有一条主线将它们串联起来。人生故事中的每个部分都不会独立于其他事件，而只有对整体有所了解才能更好地诠释单个的故事。当孩子们知道了这点时，就能够深入地理解自己是如何脱离正轨的。

在开始进一步探讨由追求优越而引发的有益行为与无益行为之间的差别之前，我们先来看一个似乎与我们所讲内容有所矛盾的一个例子：犯懒——犯懒也是一种行为。从字面意思上来看，犯懒似乎与我们所提到的每个孩子都在追求优越感之间存在矛盾。当我们责骂一个孩子太懒时，想要表述的不就是说这个孩子没有上进心、没有追求优越吗？若更近距离地去审视一个我们口中懒惰的孩子，我们就更能看出问题出在哪里。犯懒的孩子往往占据一定的优势，比如他通常不用过多承担由于外在期待而产生的压力；他似乎总有完不成事情的理由；他总是不太在意什么，比较散漫，故而也就不太会为了争取什么而努力。可是，这反而又会引起他人的关注，至少会让父母老惦记着。有多少孩子费尽心思、千方百计地努力不也就是想要获得他人关注吗？这就不难理解，有时犯懒也正好被一些孩子用以吸引他人的关注。

不过，这不是懒惰的唯一原因与解释。有不少孩子是以犯懒的方式让自己好过一些。孩子能力上的不足、得不到好成绩也往往被认为是犯懒。我们很少听到大人会因为能力不足而批评孩子，他们常常会说："如果不是懒，他什么事都办得到。"而这样的说法会让孩子心理上感到满足，这会让孩子认为自己其实可以做任何事情，只不过是懒得做。而这样的做法只会让没有自信的孩子越来越自负，这成了获得成功的替代方式，不仅满足了孩子的心理，还满足了大人的心理。“我只是因为懒，不然有什么我做不了的？”这样的错误假设缓解了失败感。当这些孩子真的做点什么时，他们哪怕做一点点事情也会被认为很了不起。即便他们所做的事情根本微不足道，但是较之他们之前的毫无作为，这微不足道就足以换来大人的表扬，而那些一直以来比较勤奋的孩子，即便做出了更为显著的成绩，却并没有获得更多的称赞。

如此看来，犯懒的人恰恰隐藏着一种心思。他们就像是在走钢丝，但是他们不用担心掉下去，因为在他们下面早已拉好了保护网。对于犯懒的孩子，批评声会温柔很多。比起被说成能力低下，被批评太懒就没那么伤及自尊。总而言之，犯懒就像是孩子面前的一道屏障，让他人看不到孩子自信心的缺乏，这个借口让孩子不用去面对问题、解决困难。

而我们目前的教育方式，恰好迎合了这部分懒散的孩子。越是骂一个孩子有多懒，也就越是在帮助这些孩子达到自己的目的。越是责骂这些孩子怎么这么懒，就越能让这些孩子得到关注，与此同时，还回避了面对自己能力的问题。惩罚的作用也如出一辙。如果老师想要以惩罚的方式让一个孩子勤快起来，只会以失望收场，再严苛的惩罚也无法让一个懒惰的孩子勤快起来。

如果情况发生了转变，往往来自境况的变化，比如，当一个孩子取得了未曾预料到的成绩时，他或许就由此而勤奋起来；也有可能是之前很严厉的老师换成了一个比较温柔且懂孩子的老师，老师能真诚地与孩子谈话从而让孩子重拾勇气。在这些情形下，孩子们往往会出现令人惊讶的转变，开始勤奋、努力。我们经常看到有些成绩落后的孩子，换了学校后，开始努力上进，这就是学校环境改变带来的变化。

除了犯懒，还有的孩子会用装病来推脱任务。有些孩子会在考试期间精神高度紧张，他们会觉得自己这么紧张了，老师要多关注一下自己。爱哭的孩子也有着同样的心理机制。无论是紧张还是流泪，都是想要以此为借口寻求被特殊对待。

还有一些身体上有缺陷的孩子也会像上面所提到的孩子一样，希望享有某种特权，例如口吃儿童。常在幼儿身边的人会留意到，其实绝大多数处于学语期的幼儿都会有轻微结巴。说话功能的发展，会因为种种原因被加快或者被抑制，这些原因中尤以社会情感感知能力的影响最为显著。那些具有社会意识的儿童，会更愿意与周围的人互动，也自然会说得更快更轻松。此外，孩子在有些场合中往往不用讲话，例如那些被过度保护、过度宠溺的孩子，他们往往无须开口，需求就已经被满足了（当然，这样的照顾对于聋哑儿童则是必需的）。

如果孩子们在四五岁时还无法开口讲话，家人就会担心孩子是不是聋哑儿童。但是，很快大人们会留意到孩子们的听力没有任何问题，这就排除了聋哑儿童的假设。另外，在这些孩子的生活环境中，他们要不要讲话似乎不重要。就像俗语中所讲的，“衣来伸手，饭来张口”，那么孩子就没有说话的必要，自然很晚才能学会说话。讲话是孩子寻求优越感及成长方向的指标之一。想要表述自己对优越感的追求就需要会讲话，或是孩子的咿呀学语带给了家庭欢乐，或是孩子用语言告诉大人他想要什么，这都是通过讲话满足自己对优越感的追求。而当这个方式没有得到正常发展时，孩子的表达能力就会滞后，孩子也极有可能会在语言能力的发展上碰到麻烦。

还有其他一些在学习语言过程中会出现的麻烦，比如像学习“r”“k”“s”的发音，这些问题随着孩子长大都能得到解决。但是，不少成年人却还有口吃、说不清楚话或是咬舌的问题，这就另有原因了。

大部分孩子长大后自然不再口吃，只有很少一部分孩子因为口吃的原因需要寻求治疗。通过下面这个13岁孩子的经历，我们可以了解通常情况下口吃的治疗过程。这个孩子6岁时，开始了第一轮治疗。这个治疗持续了一年，但没有效果。接下来的一年里，他没有再接受专业性的治疗。又隔了一年后，换了新的医生，但是依旧没有效果。第四年里，没有做任何治疗。在第五年的前两个月，他接受了一个专治语言障碍的医生的治疗，但情况却更为糟糕。之后没过多久，孩子被送进了有专门矫正语言障碍老师的学校，经过两个月的连续治疗后，确有好转。可是半年后，病情又出现了反复。

随后，另一位医生接管了他，这也是一位专门矫正语言障碍的医生，8 个月之后，他的病情不但没有缓解，反而有所恶化，于是，另一名医生介入，结果还是失败了。次年的夏天，孩子的病情有所缓解，可是到了暑期结束的时候，他的病情还是回到了原先的样子。

多数的治疗都是让孩子用比较慢的速度大声朗读，并加以练习，等等。治疗过程中，大家发现，如果孩子处于某种兴奋状态时，就会暂时控制口吃的毛病，但是过不了多久，又会退回原来的情形。这个孩子没有什么器质性的身体问题，父母能想到的也就是在他较小的时候，有一次从大楼的二层摔下来，出现过脑震荡。

一个熟识这个男孩的老师，说这个孩子“有很好的教养，也很勤奋，容易脸红，爱发脾气”。这个孩子不太擅长法语与地理的学习。这位老师还描述到，男孩在考试期间容易有情绪，他喜欢运动，尤其是体操；另外，对技术类的功课也很有兴趣。他在任何方面都没有表现出领袖的特质，他与自己学校的同伴相处融洽，但是偶尔会与弟弟有言辞之争。他擅长使用左手，另外，在 12 岁时，有一次右脸中风的经历。

再来看看他的家庭环境，他的父亲是一位商人，关系总是很紧张，每当儿子出现口吃时就会严厉地斥责孩子。尽管如此，他更害怕的却是自己的母亲。他有自己的家教老师，所以，他很少有机会离开家。他缺乏自由。此外，他认为母亲更偏爱自己的弟弟，觉得母亲并不能一视同仁。

基于这些事实，我们能够得出以下判断：孩子脸红，是由于他一想到要社交就会感到紧张。这当然也与口吃有着必然的联系。即便他喜欢的医生也无法帮助他解决口吃的问题，因为，口吃早已成为他行为方式中的一部分，口吃也是他表达不喜欢他人的一种方式。

口吃的原因或动机往往不在于当事人所处的外在环境，而在于他对外在环境的一种态度。孩子的易怒也有着明显的心理学意义。这个孩子并不是被动型的孩子，他通过愤怒来表达自己对优越感的追求，希望获得他人的认可，这往往都会出现在性格脆弱的人身上。另外，与弟弟的争吵也揭示了他的气馁与挫败。每次考试期间的情绪波动显示出他的紧张，而之所以出现紧张是因为他很担心自己不能获得成功，担心出现自己不如他人的情况。他有很强的自卑感，过强的自卑感将他追求优越感的动机导向了不利于自己的方向。

对这个孩子而言，家里的环境不如学校舒服，所以，他很乐意去上学。在家里，弟弟占据了舞台的焦点。我们几乎找不到直接造成他口吃的生理性因素，也不是由于某次惊吓而直接引发口吃，这些都只有可能让他越来越缺乏勇气。但是，由于弟弟，他被家里所忽视，这带给他极大的影响。

此外，这个孩子在 8 岁前一直有尿床的麻烦，尿床很容易出现在那些早期被宠溺而之后又不再被大家关注的孩子身上。尿床是一个在晚上也能争取到被妈妈关注的方法。由此可见，这个孩子在失去了家人的宠溺之后未能很好地调整自己去适应。

通过鼓励并教会孩子慢慢独立可以改善孩子的境况。孩子需要通过完成一些任务以获得对自己的信心。这个孩子承认弟弟的到来确实让他不开心：现在他需要了解正是他萌生的嫉妒心让他脱离了正轨。

伴随口吃还会有其他的一些表现。当口吃的人处在很兴奋的状态时，会如何呢？事实上，如果他们很生气，他们可以口齿伶俐地责骂对方。而年龄稍大的口吃者也能毫无障碍地背诵，也能与自己爱着的人顺利沟通。由此可见，与他人的关系起了决定性的作用。当孩子必须要与对方建立关系，或是一定要通过语言的方式达到目标时，面对这样的时刻，紧张感增加，口吃的症状反而会减缓或消失。

如果孩子在学说话的过程中，没有什么困扰，我们就不会特别留意，但是如果孩子在语言能力方面出现了问题，就会很快成为全家人的焦点。当全家人的关注点都放在孩子身上时，孩子会将自己所有的关注点放在语言上。孩子会开始有意识地控制自己的表达，而正常儿童往往并不会刻意关注自己的表达。本该自然而然发生的事情由于刻意控制，反倒成为限制。在梅林科的童话故事《逃跑的蟾蜍》里，就有这样的经典例子。这只蟾蜍遇到了有千只脚的千足虫，蟾蜍觉得千足虫太了不起了，于是它问道：“你能告诉我，你到底先走的是这一千只脚里的哪一只呢？然后其他九百九十九只脚是按照怎样的顺序在走路呢？”于是千足虫开始思考、观察自己是怎样走路的，可是当它试图去控制这些脚时，它发现自己再也没有办法走路了。

在日常生活中，练习有意识地控制虽然很重要，可是如果要试图控制每一个行动，那只会有害无益。那些伟大的艺术品，往往都是在身体放松、自由发挥时创作的。

尽管口吃会给孩子在未来的生活中带来种种不利，而且孩子在成长中也会因为口吃受到不良影响（同时孩子也会得到家里人的同情与特别关照），但依旧有许多人会找借口躲避这个问题，而不是面对并改变境况。不仅仅对于孩子而言，对大人也是如此，亲子双方都对未来没有信心。在这看似对孩子不利的情境中，孩子以依靠他人的方式获得了心理上的满足。

在巴尔扎克的故事里，有一则描述了通过口吃将明显的不利转变为有利的情境，现实中其实也常常发生。在这则故事中，有两位商人正在谈一笔交易，他们都想占对方的便宜。在讨价还价的过程中，其中一人突然开始口吃，随后，另一方很快意识到对方是想通过这种方式来争取思考的时间，于是他马上想到对策，开始装聋。就这样，口吃的一方渐渐又处在了下风，因为他不得不费力地让对方听到自己的声音。最终，双方又势均力敌了。

虽然口吃的孩子也似乎在以同样的策略为自己赢得时间，让他人等待，但我们也不该像对待心机者那样对待他们。我们需要鼓励并且温柔地对待这些孩子，孩子在获得启发和勇气后，才会真正出现好转。

The Inferiority Complex

第四章
自卑情结

追求优越与自卑感如影随形，密不可分。我们因为自卑而努力追求，因努力而收获的成功也在帮助我们缓解自卑。自卑感通常并不会导致心理问题，但是，如果追求优越的机制被抑制，或是由于生理缺憾而产生了无法承受的自卑感，就会引发自卑情结。自卑情结是一种不正常的自卑感，如果个体出现了这种不正常的自卑感，他会寻求轻松的补偿机制，或寻求浮于表面的满足感，他无法获得真正意义上经由努力而取得的成功。自卑情结会夸大困难，会令勇气匮乏。

我们继续以上一章中那个口吃的13岁男孩为例，来看看自卑情结与困难及勇气之间的联系。这个孩子之所以会持续口吃，有一部分原因是由于他缺乏信心，而持续的口吃又令他越来越缺乏勇气。这样的恶性循环，导致了孩子神经性的自卑情结。这个孩子试图把自己藏起来。他感到绝望，甚至想过自杀。口吃成为这个孩子对自己生活方式的一种表达。口吃成了他留给别人的印象，并让他成为别人关注的焦点，而这种被关注反过来缓解了他心理上的不适。

孩子为自己设立了一个过高且错误的目标，他希望自己能是那种世界上数一数二的人物。他希望自己有较好的名誉，进而希望在众人面前能够举止得体，能够融洽地与他人相处，而且能让自己的工作、学习秩序井然。如果对自己的这些希望落空了，就需要有个托词，口吃就是这个托词。这个男孩的案例具有特殊的意义，总体上而言，孩子的生活是向好的，但是在判断力与勇气上出了问题。

口吃只是众多借口中的一个，当孩子们无法相信依靠自己的能力就能获得成功时，这些借口就会出现。这些借口就像是动物们天然所具有的武器——利爪、犄角一样，孩子们会很自然地以这些借口来掩盖勇气的缺乏。孩子们之所以会找借口，只是由于他们自身还很弱小，如果不依凭这些方式，他们就无法生活下去。都会有哪些借口呢？大小便失禁，这往往意味着孩子不愿意走出自己的婴儿期，婴儿不需要面对学习以及成长的痛苦；出现肠道系统或是泌尿系统的问题，这些孩子会获得来自家长和老师的同情，不过也会引发同龄人的嘲笑。因而，这些方式都不应当被视为病症，它们都是自卑情结的表达，或者说是一种错误地追求优越感的方法。

上一章 13 岁口吃男孩的案例，我们不难想象这个孩子是如何出现口吃的，一开始，或许只是生理上的一个小问题。很长一段时间里，这个孩子都是家里唯一的孩子，他的妈妈也以照料他为每日的重心。随着长大，他感觉自己不再成为关注的焦点，而口吃让他重获关注。口吃对于这个孩子而言，意义不一般：他留意到当他在说话时，大家都会看着他的嘴。正是通过口吃，他确保了自己能够获得他人的关注，若不如此，这些关注就会被弟弟夺走。

在学校也不例外。老师也会额外多关注他。口吃让他有种错觉，无论在学校还是在家里，他都优越于他人。他以这种方式获取了只有好学生才能获取的关注。他也可能本来就是好学生，而口吃会让他更容易获取这些关注。

另外，口吃也让他被老师所优待，当然，这个对待方式不值得推荐。对这个孩子而言，当他不能获得关注时，他会比其他孩子感觉更受伤。他在家里就碰到了这种情况，弟弟出生后，他陷入了困境。他没有像其他孩子那样发展自己更广阔的的兴趣，在他的生命中，妈妈是最重要的人，对其他人，他丝毫提不起兴趣。

对于这类孩子的治疗，应着手于激发孩子的勇气，并逐渐让孩子认识到他们本来就具备着能力。以同理心来对待这些孩子，而不是让他们感到害怕与恐惧，通过温情的对待方式，让成人与孩子之间先建立起友好的关系。这仅仅只是开始，建立好的关系是为了帮助我们能真正促进孩子的进步，而进步来自孩子日渐自立的能力，我们要通过各种尝试，让孩子无论在智力还是体能方面都对自己产生信心。我们要帮助孩子们相信，只要赋予自己面对目标的勇气，在勤奋与坚韧的护航下，通过不断实践，他们所期待达到的目标，终将获得。

在对孩子的教育中，无论是老师还是家长，若不断给孩子泼冷水，不断说孩子的未来不会好，都是极为糟糕的做法，这只会让孩子永久地停留在错误的跑道上。这种愚蠢的做法，只会引发孩子更加胆小、害怕，让情况更为糟糕。我们需要用乐观进取的态度来点燃孩子的激情。正如古罗马诗人维吉尔所说："他们可以，是因为他们相信自己可以。"

即使孩子们偶尔由于害怕被嘲笑而改变他们的行为，也不要就此认为，通过贬低或者羞辱孩子能真正影响孩子并让孩子们完全改变自己的行为。通过下面的例子我们就可以看出，以嘲笑的方式纠正行为有多么荒唐。有个孩子由于不会游泳而总是被朋友们嘲笑。终于，他实在是受不了这样的奚落，他从跳板上跳入深水中。最终，大家拼尽全力，才挽救了溺水孩子的生命。这很像一个懦夫担心自己会颜面扫地，于是他想做一些事情来证明自己并不懦弱，却用了大错特错的方法。跳水的例子就是在说明这种方法的无力。真正的怯懦是孩子不敢承认自己不会游泳，之所以不敢承认是因为担心自己无法立足于他的朋友中。他并没有去面对自己真正的害怕与担心，而是选择绝望地跳入水中，而这个没有直面问题的选择又会加重他的怯懦。

害怕和胆怯常常会摧毁人与人的关系。孩子若总是在担心自己，自然就无法顾及周围的同伴；只为自己不管别人，也就渐渐失去了周围的伙伴。胆怯、害怕会让人开始自私、好斗，社会情感无从谈起，而这些又不会淡化自己对他人评价的害怕。懦夫总会担心被其他人奚落、忽视、贬低，他们总是处于乞怜于他人的位置。他就如同生活在一个充满了敌人的国度里，在这样的国度里，一个人会越发地怀疑一切、嫉妒他人，并且自私自利。

这种懦弱型的孩子成年后很容易变得苛刻且喋喋不休，他们不会赞赏任何人，当别人得到赞赏时，他们就会产生嫉妒心。当超越他人的方式是嘲讽而并非是自己真正做出一些成就时，这恰恰说明了内心的胆怯。在教育上，我们要重视帮助孩子们摆脱这种对他人产生敌意的模式，当孩子的父母或是老师发现孩子有这样的倾向并采取一些方法时，孩子才有可能避免真正形成这样的模式。当然，若是没有意识到孩子出现的倾向，纠正与引导也就无从谈起。我们要让孩子能够与这个世界、与真实的生活达成一种和解，需要向孩子解释并且让孩子知道真正的错误是想要不劳而获，进而我们也就自然明白要如何引导孩子。我们明白了，我们要培养孩子们之间的友情；我们也明白了，我们应当教会孩子不要因为他人犯错或是考得不好就看不起别人。否则，往往会滋生自卑情结并且失去面对生活的勇气。

当孩子失去了对未来的信心，他会逃离现实并且会在生活的消极面里寻求补偿。作为一个教育者，最重要的事情，或者说最为神圣的职责，莫过于能让孩子们在学校里不灰心，能帮助那些在入学前已经对未来失去信心的孩子再次找回热情。这是教育者的职责所在，如果受教育的孩子看不到希望，教育就无从谈起。

有一种沮丧与失望是暂时性的，仅仅会发生在那些比较有野心的孩子身上，即使这些孩子在不断进步，可是一旦通过毕业考试后，在面临职业的选择时会有短时间看不到未来。也有些野心勃勃的孩子若是在考试中没有得到第一，也会出现一段时间的落魄。不经意间，冲突已被埋藏，只是在等待突然的爆发。冲突爆发时，孩子陷入慌乱与彻底的困惑中，出现神经性的焦虑。如果在他们出现沮丧、陷入失望情绪时没有得到适当的鼓励，这些孩子很容易做事虎头蛇尾；成年后会频繁更换工作，不相信自己可以将一件事完成，也总是担心会失败。

孩子会如何评价自己，这一点尤为重要。但是，孩子无法告诉我们答案。无论我们多么民主，我们也只会得到不确定的答案。有些孩子会觉得自己特别重要，也有些孩子会觉得自己一无是处。通过对后者的观察我们发现，这些觉得自己一无是处的孩子总是会听到大人对自己说“你太没用了！”或者“你怎么这么笨”。

严厉的批评或是责骂，无论针对哪个孩子，都会造成伤害。面对批评与责骂，有些孩子会通过贬低自己的能力来保护自我。

虽然无法通过询问来了解孩子对自我的判断，我们却可以通过观察孩子在解决问题中的举止来了解，在面对困境时，他是充满自信、迎难而上，还是灰心丧气、犹豫不决？有时，刚开始，孩子还信心满满，可是随着困难加大，需要面对这些困难时，却开始退缩，甚至不愿意再迈出一步。很多时候，我们会形容这些孩子懒惰，心神涣散；我们无法期待这些孩子能正常地解决问题，他们好像总是遇到重重困难；我们经常会被孩子成功地愚弄，认为孩子缺乏能力。但是我们要时刻尝试从整体的角度去看待这个孩子，谨记以个体心理学原则来解释，我们会发现问题就在于缺乏自信，以及对自己过低的评价。

当追求优越走上了歧途，当个体只对自我感兴趣时，也自然会成为社会的异类。有些孩子对优越感的追求极不正常，在他们身上看不到对其他人的体谅与关心。他们对外人存有敌意，自私自利，也很贪婪，甚至会触碰法律。一旦他们手里有了把柄，就会不断伤害他人。

可是，即便是在那些行为恶劣的孩子身上，我们还是能够找到有人性的一面，他们或多或少都会感到自己是人类的一分子。即便在他们的生活方式上，几乎不会有合作的意识，也不太能找到社会情感，但是他们每个人都终究与他们所处的周围这个世界有着或多或少的联系。我们需要找到他们身上各种各样的表达方式，这些表达方式或多或少都源于自卑感。在这数目庞杂的表达方式中，孩子的眼神至关重要。眼睛绝不仅仅是一个接受光线、感受光线的简单器官，眼睛在彼此的沟通中极具价值。一个人看另外一个人的方式，会透露出喜好以及是否愿意与他人有更多互动。这也是为何心理学家或者作家都愿意花时间和精力在眼神上。我们会通过他人看我们的方式来判断出他人对我们的评价，我们也会在这样的一瞥中读懂别人的心灵。尽管会搞错或者误解，但是通过眼神来判断一个孩子是否友好的方法简单易行。

如果孩子总是回避大人的眼神，多半是心中有鬼。不一定是说孩子已经道德败坏或是沾染了恶习。回避大人的眼神或许仅仅只是意味着，在短时间内，他不愿意与别人有更为紧密的联系。这说明孩子正在试图从伙伴和社会群体中脱离。另外，在你叫孩子时，他如何回应你也是一个用来判断孩子是否合群的方法。大部分孩子都会先保持一段距离，等他们搞清楚了情况时才会继续靠近。之所以会这样，是由于这些孩子在与人接触上都出现过不那么愉悦的经历，故而会保持距离甚至会对他人心存疑惑。以怀疑的心态来看待一切，这已经成为了他们固定的模式，这源自他们片面的经验。观察孩子们平日里是依赖妈妈还是老师，也是很有趣的事情。你会发现，孩子更愿意与谁亲近会比孩子嘴里说爱谁更重要。

我们可以从孩子的方方面面看出他是否具备足够的勇气与信

心，比如走路时是不是昂首挺胸，说话时是不是斩钉截铁。有些孩子在说话时畏畏缩缩，那种不懂如何应对他人的害怕与自卑也就一览无余。

许多研究都认为，自卑情结是一种先天的心理问题。但是，如果我们观察一下孩子们，会发现无论多有勇气的孩子，都会有害怕的时候。若孩子的父母都比较怯懦，那这个孩子也很有可能是个胆小的孩子，但是，胆小并不是天生的，而是因为在他的成长中充斥着恐惧。在一个孩子的成长过程中，成长环境和父母都是极为重要的因素，那些在学校独来独往的孩子也往往更多来自与外界较少打交道的家庭。这种情况很容易被看成是孩子遗传了家长的性格，不过，这个说法已经被破除了。因为，他们并未出现那些会导致沟通下降的器质性变化，无论是器官上还是大脑上都没有出现。这些案例虽然不能帮助佐证遗传的作用，但却帮助我们更好地理解，是什么造成了孩子与常人相异的特质。

有一个案例可以帮助我们理解这个理论。有个孩子出生时就先天不足，他经常生病，身体的疼痛与虚弱让他很压抑。这个类型的孩子会很自然地更加关注自已，他们在看待外界时也容易带着敌意。除此之外，还有一个不利因素，一般虚弱的孩子身旁总是需要一个大人帮助他，而这个大人的奉献与对孩子的保护又会引发孩子很强烈的自卑感。孩子与大人力量的悬殊，本身也很容易引发孩子的自卑感。尤其是大人们会经常说“大人说话小孩不要插嘴”，这句话便是如此。

这些都加剧了孩子对自己缺陷的感知。而不断认识到自己比其他人弱小，只会让孩子更加不知道如何融入社会。比其他人弱小的感觉越是不断刺激他，他就越想要努力。渴求被他人认可，成为他的动力。但是，他所做的却不是努力调适自己，从而让个体的生命意义和谐地融入社会里，而是选择用一套新的方式：只为自己着想。这就是凡事只考虑自己的孩子。

通常来讲，身体羸弱、有残疾以及长得不好看的孩子很容易有自卑感，他们往往都会走向两个极端：要么害羞、怯懦，要么激进、好胜。两种极端的表现往往出自同一个原因。他们用不同的方式寻求外界的关注，要么不说话，要么说很多的话。他们很少会为社会事务投入情感，这往往因为他们认为自己什么也做不了，故而对自己的生命意义无所期待，也因为他们只在乎自己，他们只希望能成为领袖或者英雄，能够永远处在舞台的中央。

如果一个孩子已经长期处于错误的认知中，仅仅靠一次谈话不可能改变他的认知模式。教育者首先必须具备耐心。当处在这种情形中的孩子想要改变自己，在改变过程中偶尔出现反复时，要向孩子解释，进步不会一蹴而就。这会让孩子的情绪平复下来，也能帮助孩子不那么沮丧。如果一个孩子的数学在过去两年里学得不太好，那很难在短短两周内就能有所突破，但是他最终一定能做到。也就是说，一个正常的普通孩子，拥有勇气去面对问题时，就一定能够解决问题。我们常常在案例中看到，一个人的人格发展若是出现了什么偏差，能力上就会有所欠缺，就会显得怪异、无礼、笨拙。但是，这些并非智力原因导致而仅仅是行为有偏差的孩子，一定能在帮助下有所改善。

孩子是否有智力问题，不能通过能力缺乏，或是有笨拙、冷淡的表现证明。脑部发育不完全而导致的智力问题，会在孩子的身体上显露出一些特征来。这些身体上的问题有可能在一段时间后彻底消除，但是却会对心理造成一定的影响。也就是说，孩子早期身体层面的羸弱所带给孩子的影响，在孩子的身体强壮后也可能依旧会继续影响孩子。

我们还需要更为深入地探讨这个部分。孩子的自卑心理，以及凡事只关心自己的态度，一方面是过去经历所致，比如曾经身体的不健全，体质羸弱等。但有些孩子并未有身体的原因，也存在自卑心理。比如，在不良的环境中长大，成长氛围中关爱不足、苛责过多。在这些情况下长大的孩子，生命是灰暗的，有着凄惨的基调，这些孩子通常也会对外界持恶意的态度。尽管这不是身体缺陷所致，却同样遭遇了心理上的创伤。

我们必须认识到，当面对这些成长中缺乏关爱的孩子时往往会困难重重。我们在他们眼中与其他人一样，在他们看来，我们也会伤害他们；任何上学的催促都会被认为是压迫。他们总是感到被束缚，也总是想要努力反抗。他们自然不会对自己的同伴持友好的态度，这源自他们内心对这些生活幸福孩子的嫉妒。

萦绕在这些孩子心灵的怨恨情绪会形成他们破坏性的人格。他们没有足够的勇气来应对自己所处的环境，他们要么通过压迫比自己弱小的同伴获取补偿，要么通过虚假的友谊来与同伴相处。当然，这种虚假的友谊只出现在伙伴允许他做主时。许多这类孩子发展到后期，只乐于接触比自己处境还糟糕的孩子，这就很像在成人世界里，有一些成人只愿意跟比自己还不幸的人在一起。而这类男孩，会选择温柔、顺从的女生，这种选择并不是因为两性相吸，而是因为他们的自卑情结。

The Development of the Child: Preventing the Inferiority Complex

第五章

儿童的成长：预防自卑情结

如果儿童花了很长的时间才学会正常走路，他不一定会发展出自卑情结。但尽管他在其他方面心理发展很正常，行动受限的经历依然会给他留下深刻的印象。他觉得自己的经历很不幸，进而产生悲观的想法，即使最初的身体缺陷和功能缺陷都消失了，这种悲观的想法仍会影响他未来发展的方向。不少孩子虽然治好了佝偻病，却在身体上会留下一些印记，比如：罗圈腿、走路姿势笨拙、头部畸形、脊柱变形、关节肿大、关节无力、体态不正常。孩子生病期间由于身体的原因而产生的挫败感，都会导致孩子出现悲观倾向。这些孩子看到自己的同伴们走路是那样轻松自如，就会出现自卑感，也因此开始低估自己。有些孩子会尝试努力，可是一旦一无所获就会彻底失去信心；也有一些孩子会奋力一搏，不顾及身体的束缚，绝望地想要赶超周围的幸运儿。孩子们还不能很明智地为自己所处的境遇做出正确的判断。

影响孩子成长的，既不是他天生内在所具备的能力，也不是外在的客观环境，而是孩子看待和应对客观环境的方式。无论是孩子天生所具备的潜力，还是我们成人对孩子境况做出的判断，也都不是决定因素。我们需要从孩子的角度出发来看待孩子所处的环境，即便孩子的理解和判断是错误的，我们也要试一试从他们的角度来理解他们对于外在环境的解释。我们不要预设孩子的行为符合逻辑——也就是说，不要以成人的思维认知去判断孩子的行为，我们要时刻意识到孩子做错事情是因为他们也有自己的一套理解逻辑。如果孩子不会犯错，教育就无从谈起。如果认为犯错是孩子的目的，那教育与成长也就毫无意义。因此，若是在一个人的信念里，认为孩子就是想要犯错，那这个人不适合也不应该从事教育工作。

健康的身体造就健康的心灵，这句话也不见得绝对正确。即便是身体虚弱，但是若能拥有面对身体和生活的勇气，他依旧会拥有健康的心灵。另外，即便是身体健康，若是由于外在环境的原因让孩子不能正确评估自己的能力，也不会必然导向健康的心灵。未能完成任务而产生的失败感，会让孩子感到自己能力有所欠缺。由于每次解决困难和应对障碍都像是要证明什么，所以这些孩子会在困难面前显得异常敏感，似乎每个困难和障碍都是要来证明他们能力的欠缺。

有不少在学习走路上出现困扰的孩子在学习说话的过程中也会碰到困难，学习说话与学习走路有一致性的地方，这个一致性并不是二者本身有什么实质性的联系，而是在于都受到孩子成长环境的影响。有些孩子看起来在学说话方面不应当有什么困难却迟迟不会讲话，往往是由于他们没有得到家人的帮助。如果不是耳聋或是发声器官有器质性问题，孩子自然会在早期合适的时候学会讲话。当然，也有一些视觉灵敏型的孩子会说话晚一些，还有些特殊案例，如被过分娇纵的孩子由于家人会说出他想要说的一切，于是孩子就没有必要说话。这样的孩子需要花很长时间才能学会讲话，他们有时甚至会被误认为是聋哑儿童。这些孩子一旦学会讲话，他们会非常乐于表达，甚至成为侃侃而谈的“演说家”。克拉拉·舒曼是大作曲家舒曼的妻子，她4岁时还不能讲话，一直到8岁，也只能说不多的话。她是一个很特殊的孩子，总是很安静，很喜欢在厨房里做自己的事情，由此大致可以看出，家人对她并不关注。她的父亲说：“这个孩子令人感到奇怪的是，这在精神层面上的不和谐，却开启了她美妙与和谐的一生。”

完全失聪的情形并不常见，所以，在决定将聋哑孩子送去接受特殊教育前要格外谨慎。无论孩子的听力有多差，都要尽可能、尽全力地照看，从而让其听力得到最大开发。罗斯托卡的卡兹教授给了我们很好的示范，经过他的训练，那些被认为没什么乐感的孩子学会了如何尽情地领略音乐及声音的美。

许多孩子在大多数学科上都学得不错，但会在数学这门科目上遇到困难，孩子也因而开始怀疑自己是不是太笨。这些孩子们在学算术时会觉得很难，也会在面对数学问题时一再挫败。而有些家庭，尤其是在搞艺术的家庭里，不善计算倒成了好事。此外，还有一个比较流行的观点是，女孩学数学比男孩难，这个观点是错误的。有不少女性都数学优秀或是擅长统计。若是在学校里常常听到“男孩的计算能力比女孩强”，这只会让女孩们很泄气。

数学学科是少数几个能给人类带来安全感的学科。数学是一种思维操练，通过数学思维，可以将杂乱无章的信息以稳定的数字信息呈现出来。因此，数学能力成了孩子心理健康的指标之一。不安全感强烈的孩子计算能力会弱。

其他学科的学习也有这种情况。就写作而言，将内在意识通过语言写下来，许多人都会因此感到踏实；而绘画让那些瞬间消逝的景象得以永存；体操与舞蹈可以获得来自身体的安全感，尤其在这个过程中，通过有效控制自己的身体，更能获得心灵上的自由。这大概也是为何有那么多教育者会如此肯定体育。

另外，孩子在学习游泳时的表现也可以用来判断孩子是否有自卑感。若孩子能比较轻松地学会游泳，那么通常他也能比较容易攻克其他困难；若是孩子由于缺乏对自己和教练的信心，那么学习游泳就不那么容易了。值得留意一下，有不少孩子在学游泳的初期感觉困难重重，但是，他们后来却表现得极为出色。初学时的困难阻碍了孩子们刚开始的学习，可一旦学会，他们就会被激励，并进而完全掌握这项技能，最终成为这项运动的佼佼者。

还有一点非常重要，要观察孩子是否只对固定的一个人亲密，还是对很多人都感兴趣。一般而言，与孩子联结最深的一定是自己的妈妈，如果妈妈让孩子失望了，他就会转向家里的其他成员。除了智障儿童，其他孩子都会出现这样的联结。如果孩子在妈妈身边长大但是却与家里的其他人联结颇深，就值得探究其原因所在。当然，孩子不应将自己所有的关注和感情都放在妈妈身上，而妈妈也要积极地帮助孩子将兴趣及信任扩散在更多人身上。祖父母也在孩子的成长过程中起着重要的作用——他们通常会娇宠孩子。老人这么做的原因是由于他们很担心自己不被需要，并由此而出现强烈的自卑心理，于是，他们要么过于挑剔，要么过于心软，扮演起和蔼的老者角色。他们对孩子有求必应，并因此成为孩子身边重要的人。孩子们在祖父母家里很容易被宠坏，他们也因此不愿意回到总是被管束的家里。回去后，他们会抱怨家里不如爷爷奶奶家好。作为教育者，不应当忽视祖父母这个重要的因素，在对孩子做具体的观察时应当将这个因素考虑在内。

患有佝偻病的孩子，若是长时间没有什么起色而导致行动笨拙（参见附录一心理学调查问卷中的第三题），他们会被过度照顾，以至于被娇惯。妈妈们的确需要有足够的智慧才能把握住如何既让生病的孩子能够得到妥善的照顾，又不会扼杀孩子的自立。

孩子是否总是找麻烦是一个重要的考量（调查问卷的第三题）。若是孩子总给家人找麻烦，可以确定妈妈过多地关注了孩子，而未能让孩子自立。睡前、晨起、吃饭、洗漱、做噩梦、尿床，这些都是孩子容易找碴儿的时候。孩子们通过这些行为寻求某人对自己的关注。孩子总是不断找碴儿，就像他们拥有了强有力的武器，并以此来指使大人。如果孩子经常没事找事，那可以确定问题出在了孩子所处的环境上。惩罚在这种情况下不会奏效，有时反而会被孩子用来证明自己根本不怕什么惩罚。

接下来是与孩子智力发展有关的一个重要问题。关于孩子的智力发展，很难得出绝对正确的判断，我们偶尔也会建议可以借助比奈测试，但是测试结果也不完全可靠。孩子的智商绝不会恒定不变，不能将智商测试的结果当作孩子一生智力水平的呈现。一般来讲，孩子的智力水平与孩子的家庭环境有关。较好的家庭环境里的孩子会得益其中，身体发育较好的孩子也相对更容易有良好的心理状态。不幸的是，我们会主观地认为心理发育稳定的孩子能够做“有质量的工作”或者说是更好的工作，而发育较慢的孩子则会被安排去做卑微的工作。根据我们所观察到的，在不少国家新采用的为落后生开设的特殊班级中，大部分孩子的家庭条件并不富裕。可以推断，若是这些孩子能够出生在更为宽裕的家庭，他们是可以与那些幸运地出生在富裕家庭的孩子相比较的，而且不一定会输。

另外，也需要留意孩子是否因嘲笑而泄气、沮丧。有些孩子觉得没什么，可以受得了，但有些孩子却会因此丧失信心，开始回避所遇到的困难，并转而将注意力放在自己的外表上，这往往也是孩子对自己信心不足的表现。如果孩子总会和别人吵架，那表明孩子长期处在一个敌对的状态里，他担心如果自己不先主动出击的话，就会被别人欺负。这些孩子不会服从管教，他们认为服从管教就意味着从属于他人。他们认为礼貌地回应会让自己掉价，所以他们的回答总会无礼；他们也绝不会抱怨，因为在他们看来，获取同情是对人格的侮辱。他们不会在人前落泪，甚至有时本该哭时却以笑代之，这让他们看起来冷漠、缺乏感情，而事实上，这都只是孩子们害怕示弱。每个“残忍”的行为之下都是隐藏起来的恐惧。一个真正内心强大的人绝不会想要“残忍”。这些不服管教的孩子总是脏兮兮的，粗枝大叶、爱咬指甲、爱挖鼻孔，总是顽固不化。这些孩子需要得到大人的鼓励，要帮助他们清楚地看到这所有的行为都只是内在恐惧的反映。

心理测试中的第四个问题，与交友相关。孩子是否友好，是孩子头还是小跟班，这反映了孩子与他人接触的能力，反映了孩子的社会情感以及自信的程度。此外，也反映了孩子是愿意听别人的还是希望别人听自己的。当孩子将自己孤立起来时，他要传递出的讯息是：他对于与他人竞争没有足够的信心，而他对于优越感的追求又是如此强烈，他不愿意服从于其他人。有的孩子总会到处搜罗物件，这也是想要让自己能超越其他孩子的表现。这样收集物品的行为很容易引火上身，让孩子变得贪婪。贪婪之下依旧是内在的空虚，是想要借由外在的物质支撑来平衡。若是这些孩子感觉被忽视、感觉自己不再重要，就很容易出现偷盗行为。他们比其他孩子更为敏感，更加在意外人对自己的关注。

第五个问题与孩子对学校的态度有关。孩子说到要去上学时，热情积极吗？还是要去上学时就很磨蹭、很勉强，孩子会以各种方式表现出自己对学校的害怕。有的孩子写作业时很容易生气，甚至出现心悸；还有一些孩子会出现身体机能的反应，比如性兴奋。学校的成绩评定系统确实尚待改进，这套评定系统是很多孩子身上沉重的担子。可是目前，学校还是不断进行着各种考试及测验，孩子们要努力在这些考试中取得好成绩，否则，低分意味着自己是一个差生。

孩子是主动完成功课还是被逼着去写作业？忘记完成功课意味着想要逃避责任。抱怨功课，做作业没有耐心，往往是因为孩子想要做其他更有趣的事情，不想去上学。

孩子是否犯懒？若是功课不尽如人意，那孩子更愿意说是自己懒得学，而不愿意承认是自己能力弱。当一个懒散的孩子顺利完成一项任务后被表扬，他会听到大家这么说：“他就是太懒，不然他做什么都可以。”孩子往往会喜欢听到这样的说法，因为这意味着他的能力是没有问题的，他不需要再去证明自己的能力。以懒为借口的孩子会缺乏勇气，无法专注，需要依赖他人；被宠惯了的孩子在教室里会扰乱课堂秩序，这些也是在寻求大家对自己的关注。

孩子如何看待自己的老师，对老师的态度如何，这个问题不好回答。因为孩子们往往会在老师面前掩饰自己真实的感受。当孩子总是责备、贬低自己学校的伙伴时，我们基本可以看出这个孩子缺乏自信。他们自我且爱唠叨，总是觉得自己比其他人出色，而这恰恰是软弱的表现。

最难面对的是那些冷漠、消极、对任何事都提不起兴趣的孩子，他们用这样的面具来掩藏自己其实并不冷漠的内心。这些孩子被逼急时，会非常生气甚至愤怒，甚至会出现自杀倾向。他们不会主动做什么，只有被要求做点什么时，才会动一动。他们很怕遭遇挫折，也总是过高估计其他人的能力。我们需要不断鼓励这些孩子。

在操场上、运动场上想要崭露头角的孩子通常也会在其他方面有同样的进取心，但又担心失败，故而止步不前。那些在阅读量上远远高于一般水平的孩子，也是在通过阅读获得力量，他们也缺乏勇气。这些孩子虽然有丰富的想象力，但是在面对现实时，却很怯懦。需要特别留意孩子所喜欢的书籍类型：是小说、童话故事、自传、游记，还是非虚构类的、科学类的？青春期的孩子会很容易被色情书籍吸引。非常糟糕的是，在每个大城市的书店里，孩子们都能找到这样的书籍。成长中增加的性欲以及对性体验的渴望，会让孩子们朝这个方向多想。为了减少对孩子们不利的影响，我们需要提早对孩子们阐释性意味着什么，为他们能够成为一个真正的大人、拥有良好的亲子关系做好准备。

问卷调查里的第六个问题与家庭里的病态有关，比如酗酒、神经错乱、肺结核、梅毒、癫痫等。全面了解孩子的身体状况尤为重要。由于扁桃体肥大而总是用嘴巴呼吸的孩子，面部表情会变得呆板。借助外科手术进行干预就有可能帮助孩子获得信心并进而面对自己的课业问题。

家人若总是生病，也会影响到孩子的成长。尤其若是家长患有慢性疾病，孩子的负担就会加重。精神及心理上的失调会给全家人带来压力。无论如何都要尽力避免让孩子知道这些。人们总是传言精神疾病会遗传，而这往往会给有精神疾病患者的家庭带来巨大阴影。此外，肺病与癌症患者的家庭也会有同样的压力。这些疾病都会带给孩子可怕的影响，若是有可能，让孩子远离这样的氛围，会对孩子有所帮助。家中有人慢性酗酒或是有犯罪倾向，这都犹如毒药般让孩子无所适从。但是，离开家又会给孩子带来新的问题，如何帮助离开家的孩子找到一个合适的环境呢？家里若有人患有癫痫，家庭生活就难以和谐。而更为糟糕的是梅毒。若是家长患有梅毒，孩子也会非常虚弱，而这又是一种遗传性疾病，一旦患有这样的疾病，病人很容易极度悲观无法应对生活。

一个家庭的经济状况对孩子人生观的影响不容忽视。相比家境富裕的孩子，贫困家庭的孩子会容易产生匮乏感。而习惯了优越生活的孩子，一旦家庭出现了变故，也会不太容易适应。在《培尔·金特》的故事中，我们看得出，若是父辈的经济实力弱于祖辈，那么贫富之差带给孩子的影响会更大。培尔·金特的祖父实力强劲，而他的父亲则一事无成，这成了他成长中的噩梦，于是，他会异常地努力且以此作为一种对一事无成的父亲的反抗。

孩子总要面对死亡的话题，但是如果发生得太突然就会影响孩子的一生。对死亡没做任何准备却突然要面对生命终究会结束的现实，这有可能让孩子非常绝望，至少也会心生沮丧。我们经常在医生的传记中读到，他们选择成为医生的契机往往是由于突然遭遇了他人的死亡，这也说明孩子在人生早期所经历的他人的突然死亡会给自己带来深刻的影响。不建议给孩子增加这样的烦恼，因为他们还不能全面地理解死亡。孤儿或是继子常会认为自己的不幸就是因为父母的离去。

了解家里谁说了算也能帮助我们更好地理解孩子。一般情形下，家里都是父亲做主。若一个家里是妈妈或是继母做主，就会出现其他情况，孩子们会渐渐看轻父亲。在母亲做主的家庭里长大的男孩可能会害怕女性，成年后也可能会躲着女性，也会让家里的女性无法感到幸福。

了解家长的抚养方式也非常重要，是过于严厉还是过于温和？个体心理学家认为这两者均不可取。最为关键的是尽力理解孩子、避免问题，并持续地鼓励孩子去面对和解决生活中的问题，培养孩子们的社会情感。在孩子面前不断地唠叨，是对孩子的不断打击，有害无利，娇纵中长大的孩子会无法自立，总是想要依赖他人。家长要尽量避免粉饰这个世界，也不要给一切蒙上悲观的色彩。家长的职责是让孩子们做好准备来如实面对生活，并能够在生活中学会照顾自己。如果孩子没有学会如何应对困难，那么他们会想要回避困境，这会让孩子的人生之路越走越窄。

我们需要了解家里是谁在照料孩子。不一定需要妈妈一直在孩子旁边，但是妈妈需要清楚孩子有人照料。在合理范围内让孩子通过实践学习并进而理解事物发生的逻辑，这比灌输的方式更有帮助。

问卷里的第七个问题与孩子在家族中的排序有关，这也会明显影响孩子的性格。独生子女是比较特殊的群体；最小的孩子，家里唯一的女孩或是唯一的男孩，这些孩子都会在家里有特殊的位置。

第八个问题与职业选择有关。这个问题的重要性在于它会让我们了解到环境对孩子的影响，孩子到底有多大的勇气，具有多少社会情感，以及孩子的生活节奏。问题九中的白日梦以及问题十所关注的早期记忆也非常重要。善于阐释儿童早期记忆的专家往往会从中对孩子的整个人生窥得一斑。梦境也能反映出孩子的行动取向，是会逃避问题还是会想办法解决问题。了解孩子是否有演讲障碍，甚至孩子的外形如何（第十三个问题），这都是了解一个孩子时需要注意的地方。

第十四个问题，是问孩子能否敞开地谈论自己的境况。有些孩子会夸夸其谈，这是为了补偿自己的自卑感。有些孩子会拒绝谈论自己的境况，他们害怕自己会被利用，也害怕会暴露自己的弱点并给自己带来更多的伤害。

第十五个问题。若是孩子在某个专业领域里取得了成功，比如绘画或是音乐，若是能给孩子一定的鼓励，那么这些专业领域方面的成功会是他们赢得其他领域成功的基础。

如果 15 岁左右的孩子还说不清楚自己想要成为怎样的人，说明他们已经对自己有所失望，这时的他们需要得到成人的支持。我们也需要了解孩子的家里人都选择了什么样的职业，父母其他兄弟姐妹的社会地位如何？孩子父母的婚姻状况如何，如果父母之间的婚姻关系糟糕，会对孩子的整体成长带来不好的影响。作为老师，需要在孩子的成长过程中不断履行自己的职责，正确且全面地判断出孩子所处的环境，通过调查问卷了解孩子的情况，进而帮助孩子改善问题并给予合理的引导。

Social Feeling and the Obstacles to Its Development

第六章

儿童的社会情感

与前述章节中所论及的追求优越的案例不同，许多孩子及成人更愿意将自己看作是社会的一分子，希望通过与他人合作达成一定的目标，并在这个过程中体现自我价值，这就是社会情感。到底是什么让我们具有社会情感？就这个论题而言存有争论。依据目前的研究，社会情感至少与人类这个概念有着密切的联系。

或许有人会问，社会情感与追求优越哪个更接近人的天性？这两者从根本上而言是一致的，都是人的本性对于至高理想的追求。社会情感与追求优越都是想要获得外界的肯定，但两者的形式不同，而形式上的不同也是由于对人性理解上的差异。追求优越背后的人性假设是个体独立于群体，而社会情感背后的人性假设是个体存在于群体。就对人性的理解而言，毫无疑问社会情感要优于追求优越。社会情感更为理性，也更符合逻辑，而个体追求优越虽然是更为常见的心理现象，却有些肤浅和流于表面。

为何社会情感更理性且符合逻辑，答案就在人类历史中。人类一直都是群体性的生存方式。无法自我保护的动物往往都会群居，从而保证个体能够存活下来。将人类与狮子做对比，就能看出，人类其实是极不安全的，其他动物或是在体形上大过人类，或是天生就具有进攻与防卫的能力。达尔文在观察动物时发现，若是动物天生不具备有效的防御能力，那么它们多会以群居的方式活动。猩猩是一种体形格外强壮的动物，它们往往会与自己的配偶独自活动，而体形较小的猿类则以群体方式出现。正如达尔文所指出的，动物们之所以采用群居方式，是因为它们以此来弥补所缺乏的自我保护能力，它们没有利爪、尖牙和翅膀。

动物群居的方式弥补了形体上的不利的同时，也让这些群居动物找到了更多新的防御方式来提升自己的境遇。比如群居的猴子在集体出动前，会先派几只猴子先行探路去看是否有敌情。通过这种方式，可以将个体的力量与群体的力量巧妙地结合在一起，而不用担心具体某个个体的弱小。水牛也用集体出行的方式来抵御那些力量强大且凶悍的敌人。

以此为主要研究对象的动物社会学家指出，在这些群体中，有着类似于法律的规定，被派出去侦察任务的动物必须符合某些规则，否则，一旦出了差错，就会接受来自整个群体的处罚。

与此有关的还有一个有趣的发现，不少历史学家们都确信，人类最古老的法典是专门为部落里夜晚的看护人设置的。若果真如此，那我们就能理解何谓“集体”了，当动物不能依靠个体力量来保护自己时，便形成了集体。从这个角度来看，动物的社会情感恰恰反映出其个体在身体层面的弱势。因而，就人类而言，最能培养社会情感的是婴幼儿阶段，这是一个人类最为无助且成长缓慢的阶段。

在整个动物界中，唯有人类的孩子在出生时是近乎完全无助的状态。此外，从孩子到成人需要很长的时间。这并不是由于人类需要学会很多东西才能成为成人，而是因为这就是人类的发育方式。孩子们的身体构造决定了父母需要给孩子较长时间的保护，否则人类就无法存活。孩子们的身体较为弱小，也正好是进行教育、树立社会情感的时期。儿童的体格尚在发育中，教育在这个阶段尤为重要，因为教育的目标也恰好让我们看到对于孩童体格不足的最佳弥补就是集体的力量。教育的目的一定是社会性的。

与儿童教育有关的规则和方法都需要意识到社会情感及社会本身。从社会角度衡量，我们会自然去赞美对社会有利的行为，而对社会不利甚至有害的行为，无法被大家认可。

如果我们认为某些教育方法存在错误，往往因为我们认为它们会给社会带来危害。人类所有伟大的成就和能力的发展都与社会生活息息相关，它们的发展方向离不开社会情感的引导。

以口头表达能力为例，一个离群索居的人无须学习口头表达能力。口头表达能力是社会生活里才需要的能力。每个个体通过口头表达让自己与社会有了联系并成为社会的一分子。只要想象一下如果群体并不存在，那么口头表达的心理学意义就能被推导出来。一个独自生活的人无须表达什么，无论在哪个年代，如果孩子成长的环境里没有一个群体，他是独自长大，那么他的口头表达能力一定会滞后。所以，口头表达能力只有当我们与其他人有所交往时，才能获得且得到提高。

有一个被大众广泛接受的说法，认为有的孩子天生就具有较强的口头表达能力。这个说法并不正确。开口困难或是口头沟通困难的孩子往往缺乏很强的社会情感。不主动学习讲话的孩子往往是被娇惯的孩子，他们的妈妈总是会在孩子提出要求之前就已经把所有一切都安排好了。这就让孩子缺少了与他人沟通的机会与能力，他们似乎不需要讲话。

也有一些孩子不愿意讲话是因为家长总是没耐心听孩子说完整句话，也没耐心让孩子自己解决问题；还有些孩子则是因为被嘲笑而不愿意开口，嘲笑让他们沮丧又气馁。在教养孩子时还有一个更普遍出现的错误，即不断地纠正孩子和唠叨。这会让孩子产生强烈且持续影响的自卑感，他们会感觉自己很差劲。我们常会碰到一些人，他们在说话前，总会先说一句“说完你不要笑我”。若是常常听到某人这样说，我们就能想到他在小时候可能总被外人取笑。

有一个案例中的孩子没有任何听说的障碍，但是他的父母都是聋哑人。当他受伤时，他会没有声音地哭。对他而言，要以视觉的方式与父母沟通，而声音则是一个无效信号。

除此之外，其他的能力，比如理解能力和逻辑能力的提升，也离不开社会情感。一个离群索居的人没有必要有逻辑，至少不需要比其他动物有更发达的逻辑能力。要与他人打交道，就需要具备一定的口头表达能力和逻辑能力，要掌握如何与他人打交道的基本常识，也需要发展与获得社会情感。这也是所有逻辑思考的终极目标。

我们有时会觉得，有些人的行为实在不可理喻，但事实上，对他们来说，并不觉得有何不妥，也没有与他们自身的目标相左。他们往往觉得其他人的认知和他们自己的一样，由此可见，社会情感及常识对一个人做出正确判断有多么重要。(当然了，如果一个人生活的氛围本身就不复杂，不需要处理很多错综复杂的问题，那么也就没有必要掌握那么多的常识。)我们能想象出来，原始人类周围的事物不会引发他们过多的思考，所以他们的常识会相对简单。

社会情感在人类的口头表述与逻辑思维这两个能力的发展上起到了重要的作用——而这两种能力今天对我们而言也依旧重要。如果所有人都不顾及他所生活的社会大环境而只是解决个人问题，或者用自己的独门语言，那么社会一定是混乱不堪的。社会情感提供了一个保障，让身处其中的每个人都能感受到这种保障，也能感受到被这个保障的支持着。我们或许不能百分百认定人类的发展源自逻辑思维能力，但至少逻辑思维能力是信心的重要组成部分。举例来说，为何计算与数字被大家广泛认可，而我们唯有在用数字表达时才会感到精确？答案是我们对数字的运算逻辑很容易达成一致，而同时，也易于通过大脑进行运算。如果我们无法说清楚自己想要表达的内容，那么我们对内容本身往往也缺乏信心。这也是为何柏拉图试图用数字和数学模型来描述所有他的哲学理念。而他希望哲学家们能返回“山洞”里，也就是能回到真实生活中去，这则与社会情感有关。柏拉图认为，如果没有社会情感，即便是哲学家也无法正确地生活。

缺乏安全感的孩子，会在需要与人交往或是由他独立去完成一些任务时显露出来。他们的不安全感也会表现在学科上，尤其是需要明确的目标和逻辑思考能力的学科，比如数学。

一个人在童年阶段所接触的道德感与伦理观往往是片面的。对独居的人而言，伦理的存在毫无意义。道德，也只存在于群居的社会中。唯有在一个社会里，个人的权利才是能够成立的概念。若是从美学出发，从艺术创作的角度，这个观点似乎很难被肯定。然而，即便是在艺术的领域里，也存在着对于健康、力量的永恒追求，对正确的社会发展的认可。当然，艺术的界限往往弹性很大，在艺术领域里也更允许个性化的存在。但是，整体来讲，即便是美学的发展也遵循着社会规范。

这也引出了更为实际的问题：用什么办法可以衡量一个孩子的社会情感发展水平？这需要给出衡量标准。孩子们在追求优越感时，往往无法顾及他人，我们或许能确认这些孩子缺乏社会情感。以今时今日的文化而言，孩子不可能没有一点个人主义。也是文化的原因，孩子们的社会情感也往往不能得到足够的发展。这是人类发展的诟病，从古至今的伦理学者们都一直不断提醒众人：人性本身就是任性的，是只考虑自己而不顾及他人的。虽然这样的言论时常能听到，但是却没能改变孩子和大人。这样的言论毫无用处，只是被用来评判他人。

对待已经有了破坏甚至犯罪倾向的孩子，我们要意识到过多的唠叨说教是无效的。更为可取的方法是从根本上解决问题，我们要放下进行道法评判的判官角色，换上同伴或者医生的角色陪伴孩子。

如果我们总是说孩子很坏或是很笨，很快，孩子也会这样看待自己，在他日后的生活中，他也就无法拿出足够的勇气来面对出现的问题。继而，孩子的尝试会不断以失败告终，他们也更加相信自己确实很笨。他们无法理解是最初的环境破坏了他们的自信，而他们的生活又在此之上错误地延续，“很笨”的评价反倒得到印证。孩子们会感觉自己不如同伴，他们的能力及未来的可能性被大大地局限了。这些孩子对待事物的态度清楚地反映了他们的悲观情绪，这悲观与过去孩子所在的不适宜环境直接相关。

个体心理学一直致力于证明孩子的错误能反映出成长环境的

不妥。比如，一个秩序感差的孩子，往往生活中有一个有强迫症的家长；而一个爱说谎的孩子，也会存在一个试图用严苛的方式来纠正他说谎行为的家长。甚至喜欢被夸耀的孩子也能从其成长环境中寻得蛛丝马迹，这些孩子即便是没有成功地完成任务也需要得到夸奖；在他们不断追求优越的过程中需要不断得到来自家人的称赞。

父母常常会忽视或误解孩子在家庭中的境况。事实上，虽然身处同一个家里，多子女家庭中的每个孩子事实上都处在不同的情形中。第一个孩子之所以独特，是因为唯有他享受过作为家里唯一孩子的时光；第二个孩子不会明白那种感觉；而最小孩子所经历的一切境况，其他孩子也未曾经历，他总是会被认为是家里最小的和最弱的。当两兄弟或是两姐妹一起成长时，大一点且能力强一点的那个已经完全能够应付很多困境，小的那个还在努力应对中。小的那个相对处在弱势的位置，他们也往往会认为自己比较弱小，而为了补偿这样的自卑感，他们会努力想要取代哥哥或者姐姐的位置。

与孩子们打交道很久的个体心理学家，通常都能够说出孩子在家里的排行。老大的成长往往按照正常的节奏，而小一点的为了能赶上哥哥姐姐的步伐，他的成长就总是会快一些。故而，妹妹或者弟弟也往往更加活泼主动，更为激进。如果大一点的孩子弱一些，发展慢一些，那么他们的弟弟或妹妹的成长节奏也会稍微缓和一些。

故而，若要更完整地理解一个孩子，就务必要了解孩子在家中的排行。家中最小的孩子总是有明显的特征。除个别情况外，最小的孩子通常会想要超越哥哥姐姐，他们总是不够安静，总认为自己比其他孩子更重要，也正是由于这样的想法而会采取一些行动。观察他们的情况对于他们的教育来讲是件非常有意义的事，只有这样，我们才能用不同的方式和方法对孩子进行有针对性的教育。每个孩子都是一个独特的个体，我们不能用相同的教育方式来对待不同的孩子。这对于学校来说是不容易做到的事，但对一个家庭来说，会简单许多。

家里最小的孩子总希望能成为一群人中最璀璨的那个，多数情形下，他们也会获得成功。这是个重要的观察，它有力地打破了遗传之说，来自不同家庭的最小的成员，表现并没有太大差别，确实很难说这些孩子都是因为遗传因素才这样。

也有些最小的孩子恰恰是上述情况的反面情形，他们看起来懒散、缺乏自信、行为比较极端。从表面上看，这两种类型的孩子差别很大，但依旧可以从心理学上进行解释。恰恰是最想超越他人的孩子，越容易在遇到困难时受到更大的打击。与那些更具平常心的孩子相比，富有野心的孩子一旦发现自己难以克服困难，就会马上逃避。都是最小的孩子，却有着不同的两种表现，很像拉丁语中的一句谚语："要么全有，要么什么也没有。"

在《圣经》中，我们能找到非常好的对家里最小孩子的描述。比如：约瑟夫、大卫和索尔的故事，他们的故事也与我们身边发生在最小孩子身上的故事相似。或许有人会说约瑟夫不是最小的孩子，他还有个弟弟呢，约瑟夫的弟弟叫本杰明。事实上，本杰明出生时，约瑟夫已经 17 岁了，约瑟夫还是可以划归为全家最小的孩子。在我们的周围，也常常能够看到这样的例子：家里最小的孩子反倒是整个家庭的核心支柱。我们不仅可以从《圣经》的故事中得到证明，在童话故事中也能看到类似的情形。几乎所有的童话故事中，最小的孩子都能超越自己的兄长或者姐姐——在德国、俄罗斯、北欧和中国的神话里，最小的孩子总会是征服者，不能说这仅仅是巧合。或许在古代，最小孩子的这种特征比今天更为突出。而在过去的那种原始环境里，这种情形也更容易被人们留意到。

孩子在家里的排行与孩子的个性发展有许多值得探讨的地方。家里的老大也往往都具有一定相似的特点，根据这些特点，家里的老大们也大致可以被分成两到三类。

我本人很早前就开始关注对家里最大孩子的研究，但一直没有得到一个清晰的主题，直到偶然读到冯塔纳的自传时忽然有了灵感。冯塔纳在他的自传中描述了他的父亲，一位法国移民，是如何参加波兰与俄国的战争的。他的父亲总是在讲到以弱胜强的情节时非常开心，比如像波兰仅仅靠一万兵力就打败了俄罗斯的五万兵力。冯塔纳无法理解父亲为何会喜欢这样的情节。与父亲的看法相反，冯塔纳认为俄国拥有五万士兵，就代表他们比只有一万士兵的波兰强，他说："强者一定永远都是强者。"在读到这一段时，我马上意识到：冯塔纳一定是家里的老大。只有排行最大的孩子才会有这样的认识。他一直都记得当自己还是家里唯一孩子时所拥有的在一个家里的地位及权力，而他的位置却被一个比自己弱小的孩子抢走了，他对此耿耿于怀。事实上，家里最大的孩子，往往会趋于保守。他们非常相信权力、规则以及法律。他们很自然地接受专制主义，并不会为此感到任何遗憾，因为他们曾经就居于这样的位置，这也是为何他们会如此维护权力。

但即便都是家里的长子，也依旧可以分为几种类型。并不是所有的长子都如上所述，也有例外。这取决于主人公是否在儿童时期被忽略。如果家里的长子有了一个妹妹后，他的境遇就会有点可怜。从那些不知所措又倍感沮丧的男孩子身上很容易看到这一点，对这些男孩子而言，他们会觉得这都是自己的聪明妹妹造成的。这种情况绝非偶然，我们对此，可以做出合理的解释。在我们今日的文化中，男人比女人显得要更为重要一些。作为老大的儿子，往往会被父母疼爱有加，同时父母也对这个儿子颇有期待。作为老大的儿子，一直都处在这样一个位置，可是，随着妹妹的出生，一切都发生了变化。而妹妹呢，当她出生时，家里已经有了一个被宠坏了的哥哥，在这个哥哥的眼中，妹妹是一个烦人的入侵者，哥哥会不断与她作对。这种境况会刺激妹妹额外地努力，但倘若女孩的努力失败了，那她就会终生困在其中。妹妹发育相对较快，这也会让哥哥感到害怕，哥哥会从中感到自己的优势正在被摧毁。他因此会出现不安全感。大自然发展的规律是14 到 16 岁的女孩无论是脑力还是体力上都会发展得比男孩子快，这让做哥哥的男孩有一种彻底被打败的感觉。他失去了对自己的信心，也放弃了继续战斗，他开始用各种理由，或是给自己设置各种各样的障碍，不再努力。

许多有类似情形的做长子的男孩会变得手足无措，对未来不抱希望，非常懒散。其实原因很简单，就是他们觉得自己没什么能力与妹妹抗衡。有时，这样的男孩子会非常憎恨女性，其憎恨程度我们甚至无法理解。很少人能理解他们为何会如此，故而，他们的一生会比较悲惨。有时，父母或其他家人会抱怨说："有没有搞错，我们是不是生反了，如果儿子是女儿，女儿是儿子就好了。"可是这样的抱怨恰恰会让问题更加严重。

生活在家里有众多姐妹的独子，也往往具有一些共性。在女孩居多、只有一个男孩的家里，自然会是女性主导的氛围。无论是男孩被家里所有人宠坏了，或是他被所有女性排斥。这些男孩虽然有不同的成长氛围，但均具有一定的特点。有一个说法广为流传，男孩不能单独只由女性来教育。不能简单从字面上来理解这句话，事实上，所有男孩最初都是被女性养育。这里所指的其实是男孩不能成长在一个只有女性的环境中。这么说并不是要针对女性，而是说男孩身在这种氛围中，往往会形成很多错误的认知。同样，女孩要是身在全是男性的氛围中也会如此。因为男孩常常会看不起家中唯一的女孩，于是，这个女孩会通过尝试模仿男孩来争取获得同等待遇，可这并不利于她未来的生活。

无论是谁，处在一个把女生当男孩养的环境中，无论她的忍耐力多强，也无法面对这种混乱。短暂的时期里或许可行，但时间一长问题就会出现。在生活中，男性由于身体构造的原因，他们自然会发挥与女性不同的作用。面对职业选择时，性别差异也起着一定的作用。那些不满意自己性别的女性往往会在择业时碰到问题，她们在面对这些特别为女性所设置的职业时，又需要很努力地调适自己。论及婚姻及家庭生活，女性的角色显然也与男性不同。这些女性会认为婚嫁是在自降身份而拒绝婚姻，又或者，当她们结婚了，也会在婚后寻求家里的支配地位。同样地，那些从小被当作女孩养的男孩也会遇上这类问题，他们无法与当前的主流社会文化形态相适应。

在对全盘情况加以考虑的时候，我们要记得，一个人的生活风格在四五岁时就已成形。因此，我们一定要把握好这段时间，帮助孩子建立起社会情感，并培养他们适应社会的协调力。等孩子到了 5 岁，对于自身环境的认识就基本定型了，在日后的发展中，也都会遵循这个轨迹发展；同时，孩子看待世界的角度也基本确定，对于外在的看法不会再发生大的变化，他的视野将会局限在他所关注的范围内。他形成了一种循环往复的运作模式，他的思想不会超出这个模式。一个人的眼界会局限于其社会情感的发展水平。

The Child's Position in the Family: The Psychology of the Situation and the Remedy

第七章

儿童所处的家庭位置对其成长的影响

孩子无法全面且清醒地认识自己所处的环境，他们往往会片面地解读，而这个解读又影响着孩子们的成长。长子、次子还有老三在家里不同的排行会让他们各具特点。孩子们早期在家里的境况影响并考验着其性格的发展。

对孩子们的教育不能过早开始。孩子们在成长过程中会形成一套自己的规则和逻辑，这些规则和逻辑会指导他们根据不同的情形来调整自己的行为与决定。当孩子还比较小时，能影响到未来行为方式的规则和逻辑还只是细枝末节。之后，由于在多年重复过程中不断加深，这种规则和逻辑就会固化，使个体不再客观地给出反应，而是一种无意识状态下的固有思维，这种固有思维形成于对过去所有经验的解释。如果一个孩子对这种特定的情形给出了错误的阐释，这种错误的阐释又往往会决定他之后的行为，这时，没有任何逻辑或者常识能够改变这样的错误，除非本人愿意纠正自己最初的这样一种对世界幼稚且错误的阐释。

在每个孩子的成长过程中，都会有其个性化的部分，作为教育者需要了解每个孩子的独特部分。也恰恰是这些个体上的差异，弱化了针对儿童整个群体的一些通用规则的效果。当然，个体上的差异也解释了为何同样的规则会在不同孩子那里有不同的反馈。

同时，当孩子们在同样的情形下出现了同样的反馈时，我们也不能武断地认为我们所做的遵从了自然规则；事实上，由于人类认知的普遍缺失，反倒很可能是犯了同样的错误。我们通常都会认为当新宝宝出生后，家里原来的孩子就会出现嫉妒心理。但由于存在着反例，有人就对此持反对的看法；另外，也有人反对是因为，他们认为要是在弟妹出生前能帮助年龄大的孩子做好心理准备，也就可以避免了。那些错误理解了发生在自己身上事情的孩子，就好像在山间行走的人，当他站在岔路口时，会迷茫，不知何去何从，但当他终于找到了正确的方向，并沿着它抵达终点时，往往都会听到别人惊讶的呼声："天哪，你走的这条路几乎没人能走出来。"而孩子之所以会出现对事物错误的理解，是因为这些理解会让孩子误以为能够更轻松一些。

还有许多会深深影响孩子性格的情形。我们常会碰到这种情形，在一个家庭里的两个孩子，一个非常懂事、乖巧，另一个却调皮得让人讨厌。如果能够近距离地了解，我们会发现很调皮的那个孩子往往具有更为强烈的对优越性的追求，他更希望能够管着其他人。整个房间总是会听到他的各种声音。而另一个懂事、乖巧的孩子，则会比较安静、温和，渐渐成为全家人喜欢的那个孩子，也往往会成为另一个孩子的榜样。家长往往无法解释这种情形，明明在一个家里，怎么就出现了如此对立的情况。事实上，通过研究就能知晓，乖巧的孩子是发现通过自己的好的表现，能够获得其他人的认可，这使他在与另一个孩子的竞争中成功获胜。如果家里的孩子恰巧是以这样的方式来相互竞争，那么我们就更能理解两个孩子中的老大了。当他无法在好的方向上超越老二时，他就朝相反的方向努力了，并且他会竭尽所能。根据我们的经验，这些非常淘气的孩子，是有可能表现优良且超过其兄弟姐妹的。越是对优越感有强烈的需求，就越容易走向极端。类似的情况在学校也常有发生。

即使两个孩子的成长境况完全一样，我们也无法预测两个孩子会不会完全相同。当然，也不可能出现这样的情况。举止得体的孩子也会被另一个表现不好的孩子影响。事实上，有很多在最初表现不错的孩子之后却成了问题儿童。

有一个 17 岁的女孩，10 岁以前，她是大家心目中的好孩子。她有个哥哥，比她大 11 岁。他的哥哥在 11 岁之前，一直是家里的独子，非常受宠。他并没有因为妹妹的出生而嫉妒她，他不过是继续着他的行为。在女孩 10 岁时，她的哥哥就不怎么在家里了，这让她感觉自己更像是家里的独子，她的家庭条件较为优渥，这也让她总是想要什么就有什么，她会不惜一切代价满足自己的欲望。当她长大一些后，发现不是所有的欲望都能得到满足，她开始流露出自己的不满。她开始用家里的经济信用做担保来借钱，可是很快就欠了一大笔债。她开始选择通过其他途径来填补自己的欲望。也就是说，当她的要求被母亲拒绝后，她不再像以往那样表现良好，她开始与家人发生争吵，通过哭闹来解决问题。她的性格成了家人们最讨厌的那种。

通过这个案例以及我们收集到的其他案例，能够得出的结论是：孩子也会通过让大人满意的行为来满足自己对于优越性的追求，但是当环境发生变化时，良好的行为不一定会继续。本书中心理问卷的一个好处是，可以让我们基于对孩子所处的环境以及孩子周围人群的了解，进而对孩子及其行为有一个全面的了解。从中我们能够根据一些线索看出他的生活类型，通过对孩子的了解以及通过问卷所获得的信息，我们可以了解到孩子的性格特征、生活方式，而这些都会成为孩子追求优越性的工具，也是他不断提升自己在人群中的重要性并获得被他人认知的方式。

我们也常会在学校里碰到一类孩子，他们看起来更像是我们上面描述的反例。这些孩子比较懒散，似乎学校里的纪律以及所学的知识对他们而言毫无作用，他们更像是生活在自己的国度里，没有表现出任何兴趣要在这个世界里追求什么优越性。但是，随着足够的观察，我们会了解这也是一种孩子在追求优越性的方式，虽然这种方式如此荒谬。这些孩子并不相信自己能以正常的方式获得成功，故而他们拒绝任何可能的进步。他们将自己独立于外人，让其他人觉得他们很顽固。但是，这种顽固却不是他们唯一的性格，在顽固的外壳下，是他们敏感且脆弱的内心，他们试图以麻木不仁来保护自己不受伤害。他们给自己穿上盔甲，以此拒绝外在的一切。

如果有人找到办法能与这些孩子交谈，就会发现，这些孩子的世界里处处只有自己，他们似乎一直生活在自己的白日梦中，生活在一个幻想世界里，在那里他们是非常了不起的人物。他们看不到现实，他们要么相信自己是英雄，能够拯救一切；要么认为自己是能够剥夺他人一切的暴君；要么以为自己是救世主，会救助所有身处痛苦中的人。这种扮演救世主的倾向很容易在这些孩子的行为中看到，这种倾向不仅出现在白日梦里，也会出现在他们的行为中。有一些孩子会在其他人遇到危险时挺身而出，他们平日里常常幻想自己是救人于危难的英雄，这种幻想会影响到他们在现实中的生活，只要有机会，他们会在真实的生活中也扮演这样的英雄。

有一些白日梦会持续不断、周期性地出现。在君主制时期的奥地利，许多孩子都幻想自己在危急时刻拯救了国王或是王子。家长们当然不知道孩子们一直有这些想法。我们可以看出的是，一些孩子无法分清楚什么是现实，什么是白日梦，沉迷其中的孩子常会让周围的人感觉他们很没用。在这种案例中，白日梦与现实之间的差异往往很大，有时候孩子们会选择中间的方式：继续保留自己的白日梦的同时，调整自己来适应现实。而有一些孩子则丝毫不愿意调整自己，于是会越来越远离现实而一直生活在自己所幻想出来的那个世界里。此外，还有一些孩子只关注于现实，他们只选择阅读与事实相关的，诸如游记、史书或狩猎方面的书，对于虚构类的书籍则毫无兴趣。

毫无疑问，孩子们应当能够既充满想象也能看到现实，但是，请不要忘记了孩子就是孩子，他们与成人不同，他们很容易将世界清晰地一分为二。我们要时刻谨记孩子们容易将一切做出非黑即白的分类（上或下、好或坏、聪明或愚笨、优等或劣等、所有或者没有）。其实，成人也很容易以这样的二分法看待事物，这是一个很难去除的思维方式，比如我们就会将水分成凉水和热水，其实，它们不过是温度不同的水。这样的思维在人类早期的哲学领域中就能看到。在早期的希腊哲学中，这种对立的概念非常普遍。即便是今天，有一些哲学的业余爱好者在对价值做判断时也依旧会用这样的对立方式。一些人认为，像生—死、上—下、男—女这样的概念，都是互为对立、不能相容的。显然，这样的思维方式与古老的哲学在思维方式上有类似的部分，也颇为幼稚。由此推断，惯于以对立的方式划归事物的人，在思维模式上，不够成熟。

我们常会用“非黑即白”形容二元对立的思维方式。虽然将一切对立，进行二元对立的划分，是一种理想情形下才可能完成的，但是惯于采用这个思维方式的人，还是会尽其所能地对生活中的一切做出二元划分。其实，对于人类而言，若只是简单做黑与白的划分绝非易事，在黑与白之间有太多的灰色地带。这种对立思维在自卑感强烈的孩子身上会更为明显，他们会出现对自卑的过度补偿。在历史上，具有这种性格的人物不胜枚举；比如恺撒大帝，恺撒大帝在争权夺位时被他的伙伴谋杀。他的名言“不为恺撒，宁为虚无”就是“二元对立”法则。孩子身上的许多性格特征都可以追溯到最初这样“非黑即白”的思维方式上，比如“倔强”这个特点。在日常生活中，处处都是这样的案例。以这样的思维方式来看待生活的孩子会形成一种个人哲学，而这种个人哲学往往与常识相矛盾。我们以一个 4 岁女孩的案例来解释这一点，这个 4 岁的孩子有着不同寻常的倔强与顽固。一天，她的妈妈拿给她一个橙子，她接过后就把橙子丢在地上，说道：“如果是你拿给我，我就不要；我想要橙子时，我才会拿它。”

懒散会让孩子一无所获，而这一无所获会让他更为沉迷于幻想之中。但是，我们不要轻易放弃孩子。敏感的特质会让孩子们从现实中退回到自己所虚构出的世界里，因为在这个世界里，他们能够得到保护。这种从现实中的逃避并不一定就意味着失调或者不适。事实上，无论是作家、艺术家，甚至是科学家，除了需要好的想象力，也需要这样的与现实的距离感。虚幻、白日梦也是我们想要保护自己不被生活中的失败与不幸伤及。我们不会忘记，那些富于想象的人们，他们之所以能够成为人类历史上的领袖，正是因为他们融合了自己的想象与现实的生活。他们能够成为领袖不仅仅因为他们接受了良好的教育和具有敏锐的洞察力，也是因为他们所拥有的勇气以及清醒的认知，正是这些让他们得以在面对生活的难题时能从容应对。伟人的传记中常常可以看到，他们中有不少人都在小的时候不那么注重现实，学习成绩一般，可在成长过程中，却慢慢养成了洞悉一切的才能，只要条件成熟，他们就会凭借自身的勇气来面对现实，奋发图强。如何将孩子培养成伟人，我们并没有一套确切的方案。但是，我们要谨记，不要轻易给孩子下结论，我们要不断鼓励他们，不断努力去解释现实生活的意义，这样他们才不会在自己的幻想和真实世界之间筑起一道鸿沟。

The New Situation as a Test of Preparation

第八章

新环境：检验儿童发展的未来预备考

每个人的精神生活都独立且完整，每个人的个性也会保持前后一致并且不断延续下去。每个人个性的呈现并不是突发事件，过去所形成的人格特征会影响到现在与未来的行为。这并不是说每个人的行为都是简单地、机械化地由过去及遗传所决定，但是过去与未来绝不是割裂的，它们之间是有一些联系的。我们并不清楚自己到底具备哪些才能，往往都是某个才能被需要时，我们才会表现出来。

过去对未来的影响不是简单的机械决定论，未来并不仅仅与过去所受的教育或进步有关，也与个体人格不断地发展有关。当个体进入到新的环境时，一些隐藏的性格特征就有机会得以展现。如果我们能有机会与个体一起经历某些事情，就会发现当个体处于新的未知境况时，他们就会在某些方面取得进步。这些新境况下的行为与他们的性格特征保持了一致，只是这些性格特征在旧的境况下没有得到机会呈现。

以孩子们为例，当他们开始上学，或者是当家里的境况发生一些大的变化时，就是全面了解他们性格的最好时机。孩子们性格上的局限这时会像照镜子一样清晰浮现。

我们曾经有机会观察一个被收养的孩子。这个孩子脾气暴躁，不可理喻，没有人知道他接下来会做什么。我们与他的沟通也并不顺畅，他会答非所问。我们在对他所处的整体环境考量后，认为这个孩子尽管已经来到养父母家中有数月了，但是他依旧对这个收养他的家庭抱有敌意，正因为这个原因，他不喜欢在那里生活。

孩子的养父母看到这个结论时，非常不理解，他们提到孩子在家里得到了很好的照顾，绝对好过孩子之前的境况。但是这些并不是决定儿童行为的主要因素。我们听到养父母说："我们已经用尽了办法，也温柔过、也严厉过，但是都失败了。"这时，温柔已经不足以解决问题了。的确有些孩子在被温柔对待时会报以良好的反馈，但是我们不能据此就认为温柔会改变一个孩子。在孩子心中更为根深蒂固的想法是：这样的对待只是暂时的，温柔总会在某个情况下消失，而一旦消失，他们就又会回到旧的状况中。

我们要站在孩子的角度上弄清楚孩子的感受及想法——他如何解释自己的境况——而不是家长自己的想法。上文案例中这个孩子与他的养父母相处得并不愉快，孩子的心理会如此，是有一定原因的，但是孩子对养父母所表现出的憎恨，也一定有其他的原因。我们告诉这对养父母，如果他们不知道如何化解这个孩子对他们的误会并赢得他的爱，那么他们要允许孩子离开，因为孩子会一直局限在自己的思想里，反抗他眼中的禁锢。我们后来听说，这个孩子确实变成了狂躁型人格，成了真正意义上的危险分子。温柔的对待或许能让这个孩子有些许收敛，但是如果不能帮助孩子明白事情的始末，仅仅温柔对待还不足以帮助孩子。我们从得到的更多情况中了解到：这个孩子是与养父母的孩子一起生活的，因此，他觉得他们在自己身上付出的关爱比不上对亲生孩子的关爱。当然，他之所以会暴怒不仅仅是因为这一点，事实上，他确实不想再在这个家里待着了，所以，只要能达成这个目的，他什么事都愿意去做。孩子的目标既然如此，那么，孩子的行为也就都可以被理解了。所以对此，我们就可以忽略他可能有脑部发育不全的问题。这个家庭在一段时间之后也明白，倘若他们依旧改变不了这孩子，也只好交给其他人来抚养了。

假若这个孩子在行为不当时被人惩罚，那么这惩罚就成了孩子反抗的绝佳理由。对孩子来说，这让他再次确认自己要反抗的做法是对的。据此我们可以看出，孩子们犯错往往都是对周围环境的一种反抗，这是当他们在尚未做好准备进入一种新环境时，会随之出现的结果。其实这样幼稚的错误并不稀奇，在成人世界里也屡见不鲜。

一个姿势、一个手势到底意味着什么，在这方面的研究，目前还是“新大陆”。老师能更好地把孩子们各种各样的表达方式整理成体系，从而看看这之中有着怎样的联系，并且探究其形成的根源。我们需要时刻留意，同一个表达方式在不同场合下的意味往往并不相同；即便是两个孩子做了同样的事情，可是初衷却或许不同。更深入来讲，问题儿童的外在表现方式或许不同，但是却可能是出于同样的心理病因。简而言之，不同的路径通向同一个目标。

孩子不断犯错，往往是由于他们定错了目标。此时，我们就不能按照常理来判断孩子行为的对与错。但是，即便有千万种犯错的可能，真相却只有这一个，即定错了目标，这是人性有意思的地方。

有一些不易在学校里观察到的表达方式能帮助大人更好地理解儿童。比如孩子的睡姿。有一个案例很有趣，是一个有妄想症的 15 岁男孩的事情。他常常会出现幻觉，在幻觉里，法兰西斯·约瑟夫一世国王在死后，其魂魄会跑来找他，让他组建一支部队去攻打俄国。晚上，我们进入了孩子的房间，观察他的睡眠情况，他的睡姿特别奇怪，就像拿破仑在统领军队作战。第二天，当我们留意这个孩子时，发现他的各种动作姿势都与他的睡姿相似。他的幻觉与他清醒状态下的动作有明显的关系。我们与他谈话时试图对其进行引导，告诉他国王并没有死，可他却不愿相信。他跟我们说，在他兼职做咖啡厅服务员的时候，总是被人嘲笑，说他是个小矮子。于是我们问他，你走路的姿势跟什么人比较像呢？他思考了片刻回答道："米勒老师。"听到他这么说，我们似乎猜对了方向。米勒老师也是个小矮个儿，只要把他替换成拿破仑，所有的问题就解开了。另外，还有一点很重要，这孩子跟我们说，他将来想要当一名老师。看来，他很喜欢他的米勒老师，所以才会想要模仿这位老师的所有动作。总之，他的睡姿是他日常生活的一个缩影。

新的环境，能有效检验出孩子是否从身心两方面做好了准备。若之前无论是生活还是学习上都有历练，那么在新的环境中，孩子会充满信心。但若是准备不足，孩子就会感到紧张。这种紧张感会扭曲孩子对事物做出的判断，基于这样的判断而做出的反应也往往不切实际——孩子并没有真正针对实际情况做出反应——这也是因为孩子没有足够的社会情感。换言之，孩子之所以会在学校里举步维艰，不仅仅是学校系统的问题，也是由于孩子未能做好准备。

在孩子进入新环境之前，我们需要考察并且评估新的环境。这并不是说孩子一到新的环境，就会变坏，而是当孩子处于新的环境时，由于准备不足而出现的问题会凸显出来。每一个新的环境，对孩子而言都像是一个测试：

书后附录里调查问卷（附录一）中的也有与此相关的几个问题：

1. 孩子什么时候开始遇到麻烦？

一被问到这个问题，我们马上想到是孩子在进入新环境时。有一位母亲说，孩子上学前一切都好，仅仅这句话就让我们了解了很多情况，而母亲本人对此的理解不一定全面。学校让孩子应接不暇。母亲说到的“过去 3 年里”还不足以说明问题。我们需要对孩子有更多的了解，要了解孩子在 3 年前所处的环境及变化以及孩子身体状况的变化。

孩子如果总是无法适应学校生活，这是对自己失去信心的早期迹象。我们很少会在问题刚刚出现时慎重对待，但是对孩子而言，这却有可能是灾难性的。我们需要了解孩子是否由于成绩不理想而常常被打骂；是否由于成绩不理想而影响了孩子对优越感的追求。孩子或许就此认定自己是没用的，尤其是如果家长们总是在孩子耳旁唠叨说："你什么都干不了。""你就等着蹲监狱吧。"

面对失败，有些孩子会激起斗志，有些孩子则一蹶不振。对自己与未来失去信心的孩子需要得到鼓励。他们需要得到温柔、耐心及宽容的对待。

太过草率的性话题会吓到孩子并使他们一片混乱。

其他兄弟姐妹的优异也可能是孩子不求上进的原因。

2. 孩子是否曾经显露出未曾准备好的迹象？

这个问题的答案各式各样。"孩子总是搞得一团糟，不会整理。"这往往反映出孩子的妈妈会为孩子包办太多。"他总是很胆小。"这说明孩子很恋家。如果我们总是说一个孩子很弱小，那可以推断出孩子在出生时身体某个方面比较虚弱，而又由于身体的虚弱被过度保护，也有可能由于身体的缺陷导致被漠视。这种身体的缺陷也可能导致轻微的弱智，当孩子被怀疑智力偏弱就很容易造成智力发育的迟缓。尽管孩子有可能在之后已经脱离了身体方面的局限，但以往的经验却像是一种无形的捆绑，这样的捆绑让孩子无法应对新的情况。当我们被告知说孩子比较笨拙且粗心时，我们大致可以推断这个孩子在试图获取他人的关注。

老师的首要任务是要赢得孩子的心，在此基础上来培养孩子的勇气。如果孩子的举动略显笨拙，老师可以了解一下孩子是否是左撇子。如果孩子是明显的笨拙，那老师要来关注孩子是否对自己的性别特征有充分的理解。如果男孩成长在一个以女性特征为主的环境中，他会避免与其他男孩一起，这自然会被嘲笑，并且会经常被当作女孩对待——在这种环境中长大的男孩很容易忘记自己的男性性别，而心中又常常会出现强烈的性别冲突。早期对性别差异的忽略会导致孩子误以为能够改变自己的性别，但是最终他们发现身体是无法改变的，于是他们会通过在精神层面诸如衣着或是行为举止来强化自己所偏好的性别特征。

有的女孩很讨厌女性化明显的职业。其中最主要的原因是在她们眼中这样的工作毫无价值，而这也是人类文化中的缺陷。我们依旧存在着男性拥有某些特权的传统。在文化中也依旧能清晰看出男性所占有的优势，以及男性认为某些权力只能是男性所属。生个男孩一定会奔走相告，而生个女孩则未必如此。这样的做法其实给男孩和女孩都会带来伤害。自卑感会很快在女孩身上显现出来，而男孩则要承受由于期待而带来的压力。女生因此会局限自己的发展。在有些国家，比如美国，这样的局限不再那么明显。

但即便是在这些国家，两性关系的平衡也尚未达到。

值得关注的是，人类整体的精神状态会在孩子的心理上映射出来。对女性角色的接受也就意味着艰苦的生活，而这又会不时地引发反抗，比如任性、固执、懒惰，而这也是来自对优越感的追求。如果女孩出现了这样的情况，老师们需要多去了解孩子是否对自己的性别有所不满。

对自己性别的不满还会渗透到生活的各个方面，生活也因此成了一种负担。我们偶尔会听到有孩子说希望自己生活在一个没有性别区分的星球。这种想法上的错误会导致各种各样的荒唐事，有些孩子会开始变得冷漠无情，有的开始触犯法律，甚至自杀。由于无法同理孩子，大人若是以惩罚来应对，也只会加重这种匮乏感。

这种不幸是可以避免的。我们可以以非常自然的方式，让孩子们明白，男女性之间的差异，以及无论男女都是非常有价值的存在。通常，父亲在家里的地位总会更为优越，家里的事情由他说了算，规则也都由他来设定。而兄弟也总会比姐妹的地位更为优越，他们对姐妹们所表示的轻蔑及批评会引发女孩对自己性别的不满。心理学家认为哥哥或弟弟出现这样的举止，恰恰又出自对自我的不满。真正具有做事能力与看起来似乎拥有这样的能力完全是两码事。认为女性没有什么重大成就的看法毫无意义。因为女性从古至今就不曾被认为会做出什么伟大的成就，也从未照此方向来培养。男人会让女人帮自己缝补破袜子，并且让女性认为这就是她们该做的。今天的情况已经好多了，但是我们依旧未能让女孩们为未来能够干出一番大事业而做准备。

未能帮女孩们做好准备又反过来斥责她们没有做出一番事业，这恰恰反映出我们未曾对此有过深入的思考。改变现状绝非易事，不仅父亲会如此看待，即便是母亲，也认为要仰视雄性的力量。在这个氛围中，孩子受到的教育是男性理所应当拥有权威，男孩们要服从，女孩们要听从。

孩子们要尽可能早地了解自己的性别属性，也要知道性别是与生俱来的。正如前文所提到的，女性在这样由男性处于主导且权重高的氛围里，会开始愤恨。有时，恰是因为这样的愤恨导致女性无法接受自己的性别，转而开始努力让自己表现出男性的样子。在个体心理学里将其称为“对男性的反抗”。

其次，由于身体的畸形或是发育不足也会导致成人开始怀疑自己的性别（比如女孩身上的男性倾向与男孩身上的女性倾向）。而这些个人信念往往会深深根植其中并引发人性上的弱点。同是柔弱的身体状况，若是出现在男性身上就会更为明显，会让人觉得这个男人怎么柔柔弱弱的。其实，这样的说法并不准确，这个男人并不是看起来像女人，而是像个孩子。在我们的社会文明里，认为男人就该是高大威猛，就该比女人有更大的成就；男人若是身体不够健壮，就会感到自卑，并因此而痛苦不堪。同样，在我们的社会文明里，认为漂亮的女人才是女人，所以，要是一个女人发育不足，看起来不那么有美感，也同样会引发女人的自卑感及由此带来的痛苦。

一个人的秉性、脾气与感受可以作为第三个性别特征来看。敏感的男孩往往会让大家觉得“娘娘腔”；有观点且自信的女生则会被认为像个男孩子。这些特质都不是天生而来，往往是从后天获得。在童年早期形成的性格特征会一直被记住，即便是成年后，也经常会想起自己小时候曾被特殊看待，会想起自己被当作女孩或是男孩。他们恰恰会按照自己所被认为的性别角色而发展。

进一步的问题则与孩子在性方面的发育以及性方面的经验有关。具体是指，孩子们会在一定的年龄对性方面问题有一定了解。我敢断定，有至少百分之九十的孩子早在父母或是老师解说性问题时，就已经知道一些东西了。每个孩子对性的接受程度和理解程度都不一样，因此，我们难以硬性规定怎么在这方面对孩子进行教育，同时，对孩子解释性问题会出现什么结果，我们也不能精确估量。因此，在回答孩子提出的性问题之前，我们应该先对孩子的实际情况有一定认知。我们应该根据孩子的实际情况，经过深思熟虑后再给出恰当的答案。最好不要给出不成熟的答案，尽管它并不一定会产生不良影响。

问卷调查中所涉及的养子和继子问题，属于较难处理的。无论是养子还是继子都被认为要受到良好的对待，而且一旦有人批评他们或是对他们比较严苛，都会引发对他们特殊背景的联想。有时，当孩子失去妈妈时就会对爸爸格外的依恋。当父亲再娶时，孩子就会感觉自己被孤立了，他会抗拒与继母友好相处。还有一个很有意思的现象，有一些孩子会将自己的亲生父母视为继父母，会有苛责与抱怨亲生父母的现象。由于在童话故事里，继父母总是以恶毒形象出现，所以继父母往往名声不好。虽然童话会让孩子们对人性有所了解，但它确实不是最好的读物。当然，也未必需要完全禁止童话故事，但是某些特定的故事需要有纠偏性的批注，也需要避免让孩子们读到那些扭曲且充斥着暴力的童话。那些强壮又残忍行事的男性形象有时会导致孩子成就一副硬心肠——这是对英雄气概的错误理解。男孩们会认为，如果表现出了同情心会让自己看起来不像男子汉。为何具有一颗温柔的心反倒会被责备，温柔之情如果不被误解及误用，我们就能更加全面地了解何为温柔。事实上，有许多情感都被误用及滥用。

私生子，是更加难以应对的一种情况。往往是女性和孩子承担了“私生子”这三个字背后的负担，而男性则一走了之。事实上，真正为此付出沉重代价的恰恰是孩子。无论其他人想如何帮助，都无法避免他们所遭受的伤害，因为他们周围所有的声音都在告诉他们，他们的出生就是一个错误。他们被同伴嘲弄，他们的生活境况也往往艰难，而私生子这样的名号也成为他们永远背负的标签。他们非常敏感，很容易与他人发生争吵，而且常常会对周围的一切抱有敌视的态度，无论身处何地，人们总是在用伤害性的语言，比如恶言恶语、辱骂性的语言来针对这些孩子。这也就很容易理解为何问题儿童及罪犯里有很大一部分是孤儿或者私生子。尽管他们有些性格孤僻，不爱跟人打交道，但我们不能因此就判定，形成这样的性格是因为遗传导致，或是先天既得的。

The Child at School

第九章

儿童在学校

入学，对孩子来说，意味着进入了一个全新的环境。就像进入任何一个全新环境一样，入学也能反映出孩子是否已经准备充足。如果在入学前做了相应的准备，他就能顺利地通过这轮测试；如果尚未准备充足，不足也会很快呈现出来。

我们很少会记录下孩子进入幼儿园或者小学时的心理状况，若是有这样的记录，则能帮助我们更好地理解孩子在成人后的生活。像这样的“新环境测试”比学校里的课业考试更能全面地说明问题。

那么，一个孩子在入学前到底要做哪些准备呢？学校里的生活除了在学科方面的学习外，还有很多方面都需要孩子与老师及其他同学的共同参与。我们需要了解孩子感兴趣的科目是什么，观察孩子是否对其他人所说的感兴趣，以及孩子是否对于外界充满兴趣。通过研究孩子的态度、孩子的姿势与表情、他听别人说话的方式，以及他是能与师长以友好的方式沟通还是会远远躲着师长，通过孩子在新环境的这些反馈，我们能衡量出孩子的合作能力，以及孩子的兴趣范围。

这些入学初期的细节到底是如何影响到人后来的心理发展的？我们通过一个案例来阐述。案例中的这位先生在职业发展上碰到了问题，他寻求了心理咨询师的帮助。通过询问他的成长环境，咨询师了解到在这位先生的家里，除了他之外，其余都是女孩，而他的父母也在他出生不久后就离世了。当他要入学时，他甚至不知道自己该注册进入“女校”还是“男校”。他的姐姐们劝他进“女校”，而进去不久，他就被学校开除了。我们能够想象得到这会给孩子带来什么样的影响。

孩子对学科的兴趣很大程度上取决于孩子是否喜欢这门学科的老师。如何吸引孩子的关注，是否能觉察到孩子什么时间会分神，这都是做老师的艺术。有许多孩子在进入学校前还无法集中注意力，这些孩子往往都是娇纵过度，周围经常出现的陌生人让他们眼花缭乱。如果碰巧遇到的老师比较严厉，这些孩子就会总记不住东西。这种记忆力的低下并不是真正生理意义上的，孩子或许在其他方面记忆力都没有出现问题。他其实能够集中注意力，但只会发生在他备受宠爱的家里。他集中关注于自己是否能得到宠爱，而不是集中注意力在学习上。

未能很好适应学校的这些孩子，若是成绩不好、考试未过，批评或是说教往往无效。批评及说教并不会改变他们的生活方式。相反，这些做法又反过来让他们印证了自己无法适应学校的论断，并逐渐形成消极的生活态度。

这些娇惯中长大的孩子，若是遇到了很喜欢自己的老师，也往往会是好学生。只要是为了自己的好处，他们会很愿意学习；但我们很难保证这个孩子会一直能遇到喜欢自己的老师。换学校或是换老师，甚至是孩子自己无法在特定学科上有所进步（对于娇宠的孩子，数学尤其有这样的危险性），他们的好学生生涯就会戛然而止。他们习惯于不付诸努力就获取一切；他们没有过奋斗的经验也不知道要如何去奋斗；面对困难，他们毫无耐心，也无法通过持续的努力而取得进步。

据此，我们可以得出怎么样算是做好了入学准备。我们也能看出那些未能准备好的孩子身上有许多来自母亲的影响。如何唤起孩子的兴趣，孩子的兴趣是否被引导至健康的方向，母亲起着关键作用。通过孩子在学校的行为，我们往往能看出孩子的母亲是否失职。除了来自母亲的影响，整个家庭也都在影响着孩子——父亲的影响，孩子之间的竞争，这些我们在之前的章节中已经做过分析。当然，还有一些外在的影响，比如糟糕的生活环境以及社会偏见，关于这个部分我们也会在随后的章节中继续深入分析。

总而言之，所有这些因素都会导致孩子没有做好入学准备，仅仅通过孩子的学习成绩来评判孩子，这很愚蠢。通过学校的报告能看出孩子很多方面的心理状况，不仅仅是成绩本身。通过报告我们还能了解孩子的智力水平、兴趣、专注力等。尽管科目检测与其他类型的科学测试（比如智商测试）在题型设计上会有所不同，但也不应当被区别对待，所有这些测试的关注点都要集中在从中看出孩子的心灵状态，而不是写在纸上的那个成绩本身。

近几年，智商测试的发展迅速。老师们也对此极为看重，由于智商测试能反映出在普通科目测试中看不到的面貌，故而智商测试有时也具有价值，甚至有时会拯救孩子。比如说，有个孩子的成绩非常不理想，老师希望他能降级再读，但是孩子的智商报告却显示级别较高，这个孩子因此被允许跳级。他也因此有了成就感，从此举止与之前大不相同。

我们不想夸大智商（IQ）测试的作用，我们必须提醒，无论是家长还是孩子，都不应当知道最后的IQ分数。因为家长和孩子都并不了解这个分数背后真正意味着什么。他们很容易将这个分数看作固定值且不再变化，并就此推断出孩子的命运会如何，孩子也从此被局限其中。事实上，不少人都认为不能将IQ测试的结果看作绝对不可变的结果。而即便是在IQ测试中取得了好成绩，也不能保证未来的生活，许多成功人士的IQ成绩并不高。

根据个体心理学家的经验，若是在参加IQ测试时成绩偏低，只要找对了方法，成绩就会得到提升。方法之一就是让孩子做特定的测试题，并在做题过程中找到解题技巧，就像准备许多考试前所做的。按照这样的方法，孩子会积累经验并在之后的测评中取得好成绩。

孩子们到底如何受到校规的影响，孩子们是否真的受到繁重课业的压制？这都是很有意义的问题。我们不能低估学校的每个科目，我们也不认为学校里的科目类别需要减少。更重要的是找到学校科目与孩子们之间的关系，从而孩子们能够清楚学习这些科目的目的和带给自己的实际意义，而不仅仅是抽象的理论。关于这个问题，也已经有许多探讨，我们是该教授这些知识还是要针对孩子的个性给予更好的指引。在个体心理学体系中，我们认为这二者可以相互结合。

如上所述，学科内容可以设计得更为有趣与实际。比如数学，这门以计算与几何为主题的学科，可以与现实生活中建筑的线条及构造结合，也可以与所居住区域的人口相联系，诸如此类。有些科目可以采用联合教学。再有一些更为超前的学校里，有一些非常擅长教学的老师就会基于科目间所存在的内在关系进行教学。他们会走入孩子们的世界，了解孩子们为何会对某些学科格外有兴趣。他们会尝试融合教学内容，比如，将植物学的知识与植物的历史、区域的气候融合在一起。通过这样的方式，不仅孩子们会对学科产生兴趣，也让孩子们学会以一种系统的观点看待事物，而这不正是教育的终极目标吗?

当孩子们进入学校后，很快会感到彼此之间的竞争，这也是作为教育者不可忽视的一点。对此，我们理解起来毫不费力。在一所理想的学校里，一个班级应当是一个整体，在班级里每个孩子都觉得自己是班上的一部分。老师会让孩子们之间的相互竞争保持在一定程度内。孩子们并不喜欢看到别人都在进步，他们不想自己花很多时间来超越他人，也不愿意自己一次次的失望。而老师们在这种情况下，如果有合适的指引，就会让孩子们从彼此的竞争走向彼此的合作，老师的建议与指引也因此极为重要。

这样说来，在班级里能够有一套适用于孩子们的自我管理制度会很有帮助，我们并不需要一定等到孩子们都做好了准备才引入这样的自我管理体系。刚开始，可以让孩子们看到这套体系是如何运行的，之后可以从咨询的层面开始尝试。如果尚未做好准备，就让孩子们开始自我管理，我们会发现他们所设定的惩罚的严苛程度较之老师来说，只会有过之而无不及，而且，我们会发现，孩子们会开始玩弄政治手腕，开始为自己谋求利益。

对于孩子们在学校的进展，我们不仅能从老师那里了解，从孩子们那里也能获知。孩子们往往会对彼此做出很好的判断，他们知道谁擅长拼写、谁擅长绘画、谁擅长体育。有时也会不够公正，但是孩子们很快就会意识到并会尝试更为公平。但是，在这个过程中，他们容易看低自己：他们总会产生自己再也赶不上其他人的想法。这样对自己的偏颇需要被指出，否则这会成为孩子一生的魔咒。当孩子一旦出现了这样的想法，他们就很难取得新的进步，会一直停留在原地。

绝大多数的孩子都是停留在原地：要么一直很好、要么一直很差、要么一直归于普通。这种固定并不是大脑发育水平的固定，而是心理层面上的固化思维。这个迹象说明孩子们禁锢了自己，在最初的几次失利后就不再保持积极乐观的态度。如果偶然出现一次不同于往常的排名，这个偶然性会意义非凡：这说明孩子们的智力发育绝不是宿命。孩子们需要了解这些，也需要知道这对于自己意味着什么。

此外，对于有正常智力水平的孩子来说，由于遗传导致成绩不理想的想法只是一个迷信的说法，无论是老师还是孩子都要破除这样的想法。这也算是与孩子教育相关的最严重的误导。当个体心理学第一次指出这点时，许多人认为这只是想让大家有一个乐观积极的心态，并不是基于科学的常识。但是现在，已经有越来越多的心理学家与精神病学家认可这个观点。一旦碰到需要尽力应对的困难，遗传就很容易成为不去尽心尽力的借口。我们无法逃避自己的责任，可我们似乎总在伺机逃避责任。

没有哪个认可教育价值的教育者会接受这样的遗传论，也没有哪个在帮助孩子解人生之惑的师者会接受这样的观点。我们这里并不是指身体上的遗传特征。我们知道器官缺陷，甚至是器官功能上的差异都会遗传。那么，器官上的遗传与心智的遗传之间到底有怎样的关系？在个体心理学中，我们坚信个体心智的发展与个体所具有的器官水平有关。甚至有时心智的发展水平太过于依赖器官发展水平，比如某些器官功能缺失而让人产生的恐惧，即便是之后器官已经没有问题了，可是当时的惊吓与恐惧却迟迟不会消失。

我们总是喜欢从事情发展的根源上寻找解释，但是这种方式如果用来评估个人能力时，就会出现很多误会。如果以遗传来解释能力的获得，也就忽略了每个人祖先的多样性。每个人都有父母，而每个父母也有自己的父母，从父母那辈开始往前推算 5 辈，那么第五辈共有 64 人，在这 64 个人中一定能找到一个非常聪明的人，他也同样能将自己的聪明遗传给每一个后人。如果从父母那辈开始往前推算 10 辈人，那第十辈人就有 2048 个人，在这 2048 人中也势必能找到一位极其能干之人，往往甚至比一个要多得多。我们要谨记家庭习惯和家风在家族中类似遗传的作用，这也是为何我们会发现有一些家庭总是人才辈出。这显然不是遗传因素。比如在欧洲，孩子们往往都会被迫继承父辈的职业。正是由于社会机构在研究遗传后得出的数据，我们才得以避免夸大遗传的作用。

仅次于遗传的另一个特别影响孩子的问题是，由于考试成绩不理想而被惩罚。成绩不理想的孩子不仅在学校会觉得老师并不喜欢他，回到家后，也会发现父母不像往日那样对待自己了，有时还会被责骂甚至会被打。

学校老师要能料想到，当孩子把不理想的成绩单拿回家后会发生什么。有些老师相信这个成绩单会促使孩子认真学习，但是老师们忘记了每家每户情况都不一样。在有些家庭里，孩子的成长氛围本来就已经很紧张，家长对孩子的要求极为严苛，那么这些孩子若是没有考好，在回家之前就会考虑再三是否要把这不理想的成绩单拿回家。如果孩子被逼到了绝路上，他甚至有可能因为太过恐惧而选择自杀。

面对学校的运行体系，老师未必能推动其大的改革，但是在与孩子的相处中，老师却能够给予孩子最大的同情与理解。故而，如果老师能够了解孩子所处的家庭背景，就可以采用更为温和的方式，以温和的鼓励代替将孩子逼向绝路。对一个成绩不好的孩子来说，如果周围人都认为他是差生，这很容易让孩子把自己视为差生。只要我们从他们的角度考虑一下，就能理解为何他们不喜欢学校。这是作为一个人很自然会有的反应。当一个人处在一个环境里，而从这个环境里自己能得到的就是批评、差分、屡次失望，那么换作谁都会想要逃离这个环境。故而，这些孩子开始逃学也自然是意料之中的事。

尽管我们并不需要对此拉起警报，但是我们要意识到它对于孩子而言意义重大。这往往意味着一个不好的开始，如果发生在青春期就更是雪上加霜了。他们会通过伪造成绩单来保护自己，并开始旷课等；甚至也会很快找到自己的伙伴，形成团伙，开始走上犯罪之路。

个体心理学中认为，每个孩子都是有希望的，我们若是接受了这个观点，上述情形就能得以避免。我们要坚信自己总能找到帮助孩子的方法。即便最坏的情形下，也要相信总有办法可以应对，只是想到办法的过程并不容易。

让孩子留级的结果往往不尽如人意。老师们也认为留级往往会给家庭与孩子都带来麻烦。并非所有的留级都会这样，但是例外情况极少。大部分留级的孩子会一而再，再而三地留级，学习总是赶不上其他孩子。对于他们的问题，人们一直都是回避，直到最后，问题还摆在那里。

何时留级，这是一个极难回答的问题。一些老师有比较成功的经验。他们会用假期来给孩子补课，找到孩子在生活方式上的问题并予以纠正，从而帮助孩子们跟上全班的步伐。若是学校里专门有这样的辅导老师，这个方法就可以推广到更大的范围里。在学校里，一般会有社工或是客座教师，但很少有这样的辅导老师。

德国没有专门负责客座教师的机构，也看起来尚不需要。公立学校的老师往往对孩子们有最好的了解，他们比其他任何人都更了解孩子的情况。有人认为由于一个班孩子太多，老师并不能了解每个孩子。但是，通过观察孩子的入学情况就很快能看出孩子的生活方式。即便一个班孩子很多，这点也能做到。如果老师对孩子的情况比较了解，那么即便学生比较多，也不成问题。我们都希望一个班上的孩子不要太多，但这也绝不意味着就一定有问题。

从心理学观点来看，最好不要每年甚至每半年就换一次老师。如果同一个老师能持续两年、三年甚至四年都带同一拨孩子，优势会很明显。老师会对孩子们非常熟悉。老师也会了解孩子们在生活方式上的一些问题并予以纠正。

再来说一说跳级的孩子。跳级到底有没有好处，值得商榷。孩子们跳级后也可能会达不到预设的新目标。如果是由于孩子的年龄更适合高一级，那么可以考虑跳级；如果孩子之前成绩落后，忽然间开始大幅度提升，也可以考虑跳级。不要将跳级看作成绩出色的奖励，也不能以此来奖励那些知识面累积量超过其他同学的孩子。若是孩子的成绩出色，更适合的做法是让孩子参与一些课外项目，比如绘画、音乐等。这会对全班都带来好处，会激励其他孩子一同进步，将成绩出色的孩子抢走绝非上策。有人会说，应当提升那些出色的孩子，我们并不认同这个观点。我们更认可如果能让成绩已经很出色的孩子带领全班一起向前，那么无论对于整个班级还是对于这个孩子而言，都是更为有效的促进和发展。

在学校里，也常有快班和慢班之分。若是再做考察，就会看到很有意思的发现。快班里不全是智力没问题的孩子，而慢班里，也并不像我们所想的那样，都是智力偏低的孩子，更多的是家境贫困的孩子。家里经济拮据的孩子会很容易成为落后生，这是因为他们往往在入学前没有做好准备。这很容易理解，他们的家长总是忙于工作而无暇照顾孩子，因此，孩子们未能得到良好的教养。这些心理上尚未准备好的孩子不应当被放在慢班。慢班很像是对孩子的羞辱，孩子们会因此被同伴嘲笑。

对这些孩子来说，更适合的做法是让前文中所提到的辅导老师来照顾他们。除了辅导老师外，也需要一些托管班，在托管班里，孩子们能够得到这些额外的辅导。在那里，他们可以完成自己的作业、玩游戏、读书等。通过这样的方式，孩子们锻炼了自己的勇气，而不再无休止地陷入到后进生的沮丧里。如果在这些托管班里还配有足够的游乐场，那么这些孩子们就不会流落街头，沾染恶习。

在教育实践中，大家一直都非常关注男女同校的问题。对于男女同校的问题，基于男女生能够彼此了解的原则上而言，我们对其支持并推广，但是如果对男女同校出现的问题置之不理，任其发展，则是错误的做法。在男女同校中，需要关注那些特定的问题，不然男女同校的优势必然会被它的不足所掩盖。举例来说，也是常被大家忽视的一个事实，在孩子们 16 岁之前，女生在身心两方面的发育往往快于男生。若是男生不了解这一点，而只认为女生就是会遥遥领先，这就容易导致男孩们开始与女孩们的不理智竞争。无论是作为班级主管老师还是任课教师，都要认真对待这个现象。

如果老师认可男女同校，并且对可能出现的问题有充分的认知，那么男女同校所出现的问题就能够顺利解决。但若是老师并不接受男女同校，则会感到压力，那么在他的班级里，往往会出现男女同校方式的失败一面。

在男女生同校的体系里，如果缺乏适当的管理，孩子们没有得到正确的引导，也很容易出现性的问题。由此而产生的问题，我们会在接下来的一章里做深入探讨。在这里，我要指出的是，性教育是一个很复杂的话题。事实上，学校并不适合统一给孩子们讲解性话题，因为老师们很难把握在面对全班孩子以同一个方式讲述后，单独每个孩子会作何感想与理解。而如果孩子们各自从老师那里询问，得到的信息对于个体而言会更有帮助。

在探讨了些许关于教育管理方面的问题后，现在我们再次回到教育孩子这个核心话题上，如何通过了解孩子感兴趣的科目来帮助孩子获得成功。没有什么比成功更具有延续性了，这是人类生活的一个真相，也适用于教育方面。也就是说，当孩子对某个学科有极大的兴趣，并在这个学科上取得了成功，那么这会正向刺激孩子在其他学科里也获得成功。老师们可以基于此帮助孩子们获取更多的知识。孩子们自己未必知道要如何做，如何从对一个领域一无所知到有所了解。但是，老师们可以做到，在教的过程中可以看到每个孩子是怎样从一无所知到有所收获，孩子们是怎样开始与老师合作向前。

从感兴趣科目开始的这个做法也可以应用在孩子们的感官开发上。每个孩子都有自己偏好使用的某个感官或他们对于某个感觉刺激会更为敏锐。有些孩子是视觉，有些是听觉，还有些孩子是对移动很敏感。近几年，有一种手工专业学校很受欢迎，在这些学校里，将科目的学习结合了动眼、动耳和动手的能力。这些学校的成功也正显示出了将学科学习与孩子们的感官充分结合在一起的重要性。

如果一个孩子是视觉型的，老师就会知道对于这个孩子来说，如果学科的学习（比如地理的学习）与动眼能力关系密切，那孩子对于这个学科的学习会尤为轻松。对于这个孩子来说，让他多看的效果远远好于让他听课的效果。对于一些有特定问题的儿童来说，老师需要从这个角度多了解孩子。此外，老师们在第一次见到孩子时，也可以从这个角度来观察孩子。

这样想来，一个理想中的老师所做的事情是如此的神圣与崇高，他们在塑造孩子的心灵，他们也把握着人类未来的命运。

如何让这样的理想成为现实？我们绝不能满足于让这样的理想只存在于想象之中。我们要找到方法让理想成为现实。很久之前，在维也纳，我就开始着手寻找这样的方法，其中一个方法是在学校成立心理咨询与辅导诊室。

设置这样的诊室是为了让现代心理学的知识更好地服务于教育系统。一个能够胜任于此的心理学家不仅仅具有心理学的知识，也了解老师及家长的生活，他与老师一起合作，确定诊室的开放日期。在开放那天，老师们会参与会议，他们会带来自己所遇到的问题儿童的具体案例。问题可能是孩子的懒惰、堕落、偷盗等。老师们会描述具体的问题，心理学家则会给出专业的意见。接着讨论开始，大家一起探讨孩子出现这些行为的原因是什么？何时开始出现这些行为的？接下来要如何做？孩子的家庭环境以及完整的心理发展都会在分析之内。结合这样一个整体的考量后，这个由老师和心理学家构成的小组就会给出针对这个孩子的具体行动方案。

在此之后，孩子及其父母也会参与进来。父母会听取小组的分析，了解孩子问题形成的原因。接着，父母会从他们的角度来说一说，进而开始与心理学家探讨。通常而言，父母们都会乐意看到这些正在为孩子所做的事，并且也愿意配合。若是遇到有敌对心态的父母，那么老师或者心理学家会先来分享类似的案例直到父母放下自己的抗拒。

最后，让孩子进入诊室，在此之前，大家已经就如何影响孩子改变的方法达成了共识。诊室里有老师和心理学家，心理学家与孩子开始交谈，交谈内容不涉及孩子的错误。心理学家、心理医生会用孩子能够理解的方式，客观地分析导致孩子没有正常发展的问题、原因和想法。孩子们在这个过程中会逐渐厘清为何会觉得自己不够好，为何会对成功不抱有希望。

这样的咨询方法已经使用了近 15 年。在这 15 年里，老师们都很喜欢这样的方式，并且在持续使用多年后，会继续以此来支持孩子。

而对孩子们而言，收获更是成倍的：那些之前被看作问题儿童的孩子们，他们在这个过程中学会了合作，也拥有了勇气。而那些并没有这些问题的孩子，也受益匪浅。当一个班里出现了有可能引发问题的隐患时，老师就会组织孩子们一起讨论这些隐患。老师会引导讨论的过程，孩子们会全部参与进来并且都有机会充分表达自己的看法。他们渐渐就能分析到问题出在了哪里，比如当班里出现了偷懒的孩子。最终，全班会就此得出一个方案，而那几个往往不是故意要偷懒的孩子，从这个讨论中也会受益良多。

通过这些描述，我们知道，将心理学和教育联系在一起会发挥出怎样的作用。心理学与教育是从两个角度来理解同样一个事实或问题。想要真正引导心灵，我们需要知道心理活动及其运作的原理，通过这些认知，孩子们的心灵会被带到更高、更远的地方。

Influences from Outside

第十章

外界的影响

心理学与教育这两个角度拓展了个体心理学的外延，从而涵盖了“外界的影响”。而老一派侧重内省的心理学更关注于过去发生了什么，范围也因此受到了限制。冯特也是出于这样的考虑而开创了社会心理学。个体心理学本身就已经涵盖了个体与社会两个范畴。个体心理学不会只将关注点放在个人身上而排除环境所带给个体的影响，也不会仅仅关注于外在环境而不考虑作为个体会对环境做出的不同反应。

没有任何一个教育者或者老师会把自己看作孩子唯一的师长。外界的变化会影响孩子的心理并进而直接或间接地参与到孩子心灵的塑造过程中，也就意味着，对家长的影响以及对家长心智程度的提升，会潜移默化到孩子身上。这不可避免，所以，需要我们慎重对待。

经济因素，是教育者首先需要考虑的。举例而言，有的人家世代艰辛，祖祖辈辈都在为生计发愁，家里也总是弥漫着困苦的味道。这样的困苦自然会影响到大人，心情沉闷的大人很难培养出具有健康和合作心态的孩子。他们的生活总显局促，在这样惊慌不安的环境中长大的孩子很难具有良好的心态，也不容易与他人合作共事。

其次，我们都无法忘记那段经济萧条、吃不饱饭的艰难时光。这也无疑带给大人与孩子不可磨灭的影响。我们以战后欧洲的儿童为例，比起之前出生的孩子，这些孩子很难抚养。除了受到经济发展滞缓带来的影响，孩子们还受到其他因素的影响，比如父母对孩子身体状况的忽视。父母面对疾病的怯懦以及对孩子的溺爱导致这样的忽视。他们害怕治疗会让孩子难受和痛苦。有时也由于家长没有认真对待孩子的疾病。比如，当孩子出现脊柱侧弯时，家长们觉得随着孩子长大，这个病就能自然痊愈，他们不会及时就医。在城市里，医疗服务不难获得的情况下，家长采取这样的应对方法是不对的。孩子的疾病若是未能得到及时治疗，身体的症状会恶化，而这也会给孩子的心灵留下伤疤。从心理学意义上而言，任何疾病都是“危险地带”，应当尽力避免。

若是未能避免，可以通过帮助孩子鼓起勇气以及提升孩子的社会意识来减少带给孩子的伤害。也有一种说法认为，唯有孩子不具有社会意识时，疾病才会带给孩子在心理层面的伤害。如果孩子成长的环境让孩子感到自己是其中的一部分，那么疾病带给他们的危险就远远小于那些“唯我独尊”的孩子。

我们常能观察到，如果孩子得了咳嗽、脑炎或是舞蹈病之后，会出现一些心理问题。有人猜想是这些疾病导致了心理问题。并非都会如此。往往是由于孩子在生病期间发现自己居然可以左右他人，全家人都围着自己转。他能够从家长脸上读出担心与焦虑，他知道这些都与自己有关。那么病好后，若是他依旧希望能被如此关注，他会用各种怪招并希望能够继续左右他人。出现这种情形的孩子往往都缺少社会情感的训练，他们只顾着满足自己的各种欲求。

有趣的是，有时疾病刚好又是儿童改善性格的机会。我们曾经遇到一个男孩，他是一位教师的第二个孩子。这位教师很关心这个孩子。但是不知道如何处理孩子的问题。这个孩子有时候会离家出走，是学校班级里表现最差的学生。一天，正当父亲准备将他送往少年管教所的时候，他被发现得了髋关节结核。这种疾病需要父母长期不断的照顾。当男孩最后康复时，他成了家里表现最好的孩子。

这位男孩所需要的正是父母的额外关注，而这次生病正好满足了他的需要。他以前不听话是因为他有个很聪明的哥哥，他感觉自己总是生活在哥哥的阴影之下。因为他不能像哥哥那样得到赏识，他只能通过各种方式进行抗争。但是疾病让他相信，他也可以像哥哥那样得到父母的关注和欣赏，最终他习得了良好的行为习惯。

就疾病而言，我们还需要知道孩子有关生病期间的回忆，会对孩子的心理影响深刻。尤其是严重的疾病或者会危及生命的疾病，往往会吓到孩子。这些烙在心灵上的印记会影响到未来的生活，这也是为何我们有时会碰到一些只对疾病与死亡感兴趣的人。这其中也不乏有人找到了正确的方式引导自己对疾病产生兴趣，成为医生或者护士。也有人会一直被困扰。有一份记载里提到，在对 100 多个女孩的调查中，有近乎一半的孩子都坦诚自己能想到的最可怕的事就是生病或死亡。

家长要认识到这一点，并力求让孩子减少由童年时的疾病产生的影响。家长可以对此先有所了解，以便真正出现情况时，可以及时帮助到孩子。家长可以帮助孩子了解到，生命固然有限，但我们也可以通过提升生命的价值来扩展生命。

另一个童年生活里的“暗礁”，是遇到本身也不喜欢孩子的陌生人、熟人或是家庭朋友。他们更喜欢逗趣孩子或是想要在短时间内改变孩子。他们会经常夸奖孩子，这会让孩子过于自负。由于只是短时间与孩子相处，他们会娇纵孩子，但这会给之后孩子的教养埋下隐患。所有这些都应该避免。外人不应当参与到家长对孩子的教育中去。

此外，外人也常常会弄错孩子的性别，比如把男孩说成“好可爱的女生”，或是把一个女孩说成了男生。正如在下一章青春期话题里将要探讨的，这样的做法要尽量避免。

通常，家庭是孩子接触社会的第一个场景。在这里，孩子有了合作的概念。在独居家庭里长大的孩子，会清晰地将自己家庭成员与其他人划分开来。似乎在家庭与外界之间有一道难以跨越的鸿沟，而这往往会引发孩子对外界的敌意。独居家庭不利于发展社会关系，孩子们也会倾向于对外界保持怀疑并且只为自己的利益着想。这自然抑制了孩子的社会意识。

孩子在 3 岁左右就会开始和小伙伴一起游戏，这时他们不再害怕陌生人。不然，孩子之后就会容易害羞、太过关注自我，对外界持敌视态度。通常，这都是被娇惯孩子身上会有的问题。这些孩子总想要“除去”其他人。

如果家长发现孩子小时候总是碰到这些问题，那么之后，孩子也会不断在这些问题上碰到坎坷。孩子在最初的 3 到 4 年里，如果有较好的成长环境，能够学会与其他人一起玩耍，孩子之后就不太会胆怯或是过于自负，也会避免出现神经衰弱和精神错乱。独居生活的人很容易出现神经衰弱与精神错乱，缺乏合作能力的人也较易出现。

当说到家庭环境的话题时，就不得不提及由于家庭的经济环境而带给家庭的挑战。如果孩子在较小的时候就经历了家庭从富庶走向衰败，这对孩子来讲尤为艰难。尤其是对于之前娇惯的孩子，就更加困难。这些孩子不能再像以前那样得到其他人的关注。他们总会想起过去并抱怨发生的一切。

而一夜之间暴富的家庭，也同样有自己的麻烦。在这些家庭里，家长们并不一定知道如何善待这笔财富，尤其在孩子身上会花错钱。由于突然不用紧缩开支，这些家长往往开始娇惯孩子，希望能让孩子度过一段美好的时光。可是结果并不尽如人意，有许多问题儿童恰恰出自这样的家庭。

让孩子学会与他人合作可以有效避免这样的问题。所有这些问题的出现都是由于让孩子走了捷径，没有锻炼孩子与他人合作的能力，这一点务必要谨慎对待。

物质上的家庭变化会影响孩子颇深，而心理层面的变化也同样会深深影响孩子。心理上的偏见往往就来自于此。当父亲或是母亲做了某些不光彩的事情时，孩子的心灵会受到较大影响。孩子会开始害怕未来、恐惧未来。和同伴在一起时，他们想要把自己藏起来，他们很害怕被别人知道自己的父母原来如此不堪。

作为家长，我们不仅有义务让孩子学习阅读、书写以及数学等各科文化知识，更有必要关注孩子的心灵成长，从而帮助孩子们能更好地应对在日常生活中的难题。比如，当父亲的就应当知道，无论是酗酒还是脾气暴躁，这些都会影响到孩子。而一段不幸福的婚姻，夫妻之间频繁地争吵，也都会影响孩子。

童年时的这些记忆会深深刻进孩子的心里，无法轻易释怀。当然，在与他人的合作中，这些童年时期的不良影响也能得到适当减少。此外，近几年里，有人倡议在学校里成立儿童指导诊室。无论家长出于何故失职，接受过心理学训练的老师都可以来接替他的工作，指导孩子走向健康的生活方式。

偏见的产生不仅与个体周围的环境有关，也与所在的国家、种族和宗教有关。无论是因为偏见而被侮辱的孩子，还是因为偏见侮辱别人的孩子，都是由于偏见所致。而因为偏见侮辱其他人的孩子，会因为自己所执的偏见开始变得自大又自负；他们总觉得自己属于特权阶层，而带着这样的特权生活下去，唯一迎接他们的就是失败。

战争的根源往往是国家与种族之间的偏见——这是人类文化进程中需要不断努力摒弃的恶疾。作为老师，要引导孩子们看到战争的真相，而不是让孩子们玩弄刀剑，不要让孩子以这样低级的方式追求个人优越感。这样的方式不会指向人文化的生活。有不少男孩是因为儿童时期的军事化教育而参加军队，但是更多的、成百倍的孩子之所以参军，是因为他们的心理早已被儿时的恐怖游戏所绑架。他们对待生活如同恐怖分子——又同时深感自卑——他们从未了解过与他人相处的艺术。

无论是圣诞节还是其他孩子们能够收到礼物的场景，家长都要特别留意孩子们对什么样的玩具或游戏感兴趣。应当尽量避免武器类的玩具以及战争类的游戏，即便是膜拜战争英雄的书籍也应避免。

有许多话题都与如何选择合适的礼物有关，但是基本原则是选择那些能够激发孩子相互合作的，以及能够对孩子有建设性作用的。较之完成品如布娃娃或玩具狗之类的玩具，那些需要孩子们动手去完成的玩具或者游戏更为有益。此外，应当教育孩子们尊重动物，将动物看作是人类的朋友，而不是供人玩乐的物品。他们无须害怕动物，更不应该虐待动物。会残忍对待动物，也就意味着他想要欺负弱者。如果家里也有养小鸟、小狗、小猫之类的小动物，那么孩子要学会了解到它们也如同人类一样会感到痛苦。与动物之间的友谊甚至可以看作未来进入社会之前的预备阶段。

除了父母，孩子们周围也有不少亲戚。其中，最重要的就是祖父母了。对于祖父母，在今天的社会里，他们也身处困境。在我们的文化里，祖父母的位置多少有些凄凉，他们本该有更多发展的空间，他们本该有更多自己的喜好。但是事实却恰好相反。老人们往往会觉得自己被搁置在了一隅。若能有更多工作与努力的机会，他们本可以做得更好并因此而倍感愉悦。任何人都不应该去劝人退休，无论他是60岁、70岁还是80岁。工作会让人感到有更多改善的可能。但是社会却达成了某种错误的共识，在一个老人活力尚足时就要退休。而且老人也没有任何机会说出自己的想法。那么，这会导致什么？在我们的走访中，我们了解到老人这未被释放的能量会释放到孩子身上。祖父母们本来无须去证明自己的社会价值，但是现在，他们却需要让其他人看到自己还有价值。他们会在孙辈的教育上出谋划策；他们往往会过度娇纵孩子；他们想要证明自己懂得如何教育孩子，而这又往往会带来很多麻烦。

我们要尽力避免伤害这些善良的老人。他们理应得到更多表达自己的机会，他们也需要知道孩子是一个独立的个体，孩子不是任何其他人的玩具。他们应该避免陷入到家庭的政治旋涡中。如果出现了争论，父母要礼让老人，但是这并不意味着把孩子推到老人那里。

在研究心理疾病患者的案例时，我们常会发现患者本人会提到自己曾经是祖父或者祖母最爱的孩子。我们因此马上就会明白这意味着什么。最被喜欢，意味着被娇惯，也意味着他与其他孩子之间的竞争以及他被其他孩子嫉妒。此外，“爷爷最爱我”，这句话也往往意味着他没有得到其他人的喜爱并因此而感到被伤害。

除了祖辈外，其他的亲戚似乎都扮演着“聪明的表兄”这样的角色。他们也会因此让人心生厌恶。有时，他们不仅聪明还很漂亮，这些不断被大人们提及的聪明又漂亮的表兄或表姐往往会给孩子们带来很多麻烦。有些孩子有足够的勇气和社会认知，他们知道“聪明”源于努力，因而孩子也会被鼓舞而努力赶超。但更多情形下，孩子会觉得聪明是一种天分——聪明的人天生就聪明——那么孩子就会产生自卑感，觉得命运对自己不公，孩子的进步也就开始趋缓。而漂亮，就更像是天生如此，尤其当社会文明过于看重外表，如果孩子有一个外形漂亮的表兄或表姐，那么，这个孩子会因此感到憋屈，并因而出现生活方式上的错误。

孩子需要知道与他人能够良好共处的能力是比美貌重要得多的品质。这并不是想要反驳美貌所让人感受到的美好。但我们不能随意去抬高这些随机因素，并将这类随机的因素作为一个目标。可是美貌恰恰被当成了这样一个目标。拥有美貌绝不意味着就能够有一个理想且美好的生活。案犯中也不乏长相俊美之人。长相俊美的人犯罪的心理大致如下，他们会认为因为自己的长相俊美，所以一切都应该由他们掌控。事实上，他们并未学会如何面对生活。世上并没有不劳而获之事，不付诸努力就想解决问题是不可能的。他们开始想方设法只想付出最小的代价赢得最大的收获。这正像古罗马诗人维吉尔在《埃涅阿斯纪》中所言：“下到阿维尔努斯是容易的，黝黑的冥界的大门是昼夜敞开的。但是你要走回头路，逃回到人间来，这可困难，这可是费力的。”

关于孩子们阅读的内容，也要再提。到底孩子们该读哪种类型的书籍？对待童话，我们应该持怎样的态度？像神话故事这样的书籍，要如何读给孩子们？面对这些问题，最要留意的是，孩子们与我们对于事物的理解方式大相径庭。此外，我们还容易忽视一点，孩子们往往会从自己所独有的喜好出发来抓取故事中的细节。比如一个胆怯的孩子，在听到神话故事或是童话故事时，都会不断用故事中一些情节让自己更为胆怯，从而对外界更为恐惧。无论是童话故事，还是神话故事，在讲给孩子听时，都需要通过导读或者评论的方式，帮助孩子避免掉入到他们的思维定式中，帮助孩子更好理解故事真正的主旨。

每个人都能在童话故事中找到阅读的美好，即便大人也是如此。但是，在阅读神话故事时一定要注意到这些故事的时间背景是远古时期。孩子们并不能理解年代与文明的更迭变化。孩子们今天所读到的故事，往往形成于一个与今天的社会完全不同的场景中。在故事里经常有一个被过度赞扬与润色过多的王子，对他品格的描写也格外诱人。故事里所讲述的那些场景纯属杜撰，它的存在是因为在一定的历史时期中，这样的故事会让人们从内心里遵从这样一位未来统治者，孩子应该了解这样的背景。孩子们需要知道为何会出现这样的故事，否则孩子们总会想要寻求以逸待劳的方式。就像问到一个 12 岁男生想要成为什么人时，他说："我想成为魔法师。"带有正确引导的童话故事，可以很好地启迪孩子的合作精神，从而让孩子有一个更为宽广的人生境界。

再来说说大荧幕。有人认为对于孩子们来说，电影没有什么问题，但是孩子确实会误解大荧幕上的画面。即便上演的是童话故事，也会带给孩子们影响。就像一个 4 岁的孩子在剧院看完演出，多年后他还会相信这个世界上真的有人卖了毒苹果。大部分孩子都不能恰当地理解演出的主题或者看到一个主题的全貌。这就需要家长来解释给孩子们听，并确保孩子们能够理解主题。

读报，对孩子们来说是多余的。报纸往往都从成人的角度来叙述，并没有涵盖孩子的角度。也有一些特别为孩子们办的报纸，这些读物就比较适合孩子。但就大部分报纸来说，它们会让还未对社会做好准备的孩子看到一个扭曲的社会。孩子会觉得原来整个社会里处处都是谋杀、行凶与事故。事故报告尤其会让年龄小的孩子感到无助。有不少成人都提及在童年时特别害怕火，甚至这种害怕在后来的生活里也常常困扰自己。

尽管在这里只选择性列举了会影响到孩子的外在因素，无论是家长还是老师，都要不断在孩子的教育中留意这些因素。但是，我们在列举过程中也阐述了最重要的原则，这个原则就是每个个体心理学家都会不断重申的“社会情感”和“勇气”这两个关键词。

Adolescence and Sex Education

第十一章
青春期与性教育

市面上有大量以青春期为主题的书籍。青春期的确是一个非常重要的话题，但也未必像人们想象中那般夸张。处于青春期年龄段的孩子们，他们的表现各不相同，有的努力上进、有的比较笨拙，有的穿戴整洁、有的则比较邋遢。其实，一个成人甚至老人，他们有时看起来或者说从行为举止来说，也会有青春期孩子的一面。从个体心理学的角度来看，这并不让人惊讶，这不过就是一个人的发展停滞在了某个阶段。青春期，是每个人在成长过程中必经的阶段。我们不认为任何一个发展阶段或者任何一种境况，会彻底改变一个人。无论是一个新的发展阶段还是一个新的境况，都像是人生的一个测验，以此来检测在过去一段时间里个体所形成的品质特征。

举个例子，假设孩子在父母严密看管和照顾的童年中长大，他没有任何自己的权利，也没有表达需求的机会，那么到了生理和心理都迅猛发展的青春期，他们的行为表现便如脱缰的野马。有些孩子会很快取得进步，人格也沿着健康的路线发展。同时，也另有一些孩子则止步于此，他们不断回忆过往，找不到前行的方向与道路。他们提不起对生活的兴趣，对一切持保守态度。这个迹象并不如大家所说的是因为孩子在释放童年时积压的情绪，相反，他们是由于在童年时被娇生惯养，未能做好迎接人生新阶段的准备。

青春期的孩子，比年少时的他们更能体现出其生活方式，青春期的孩子更为接近他们在生活中原本的样子。在他们身上，我们更能理解对他们而言，科学意味着什么，友谊意味着什么，社会意味着什么。

也有一些孩子，没有平衡好自我与社会情感之间的关系，过于放大个人身上所承担的社会责任部分，进而选择为了社会而牺牲自己。对社会情感的夸大，也是一个人发展中的障碍。照顾好自己，是一个人想要为他人、为社会做出有意义事情的前提。他首先是从自我出发感受到了某种意义，进而将这种意义分享给更多人。

与此截然相反的则是有一些 12 到 14 岁的孩子，对社会完全漠视，毫不关心。他们在 14 岁离开学校的同时，也失去了自己与同伴们的关系，之后，他们需要用很长一段时间建立新的联结。在这个阶段里，他会感到非常孤独。

接下来，我们说说职业，这是在青春期反映出的另一个方面，它会让我们看到孩子对于生活的态度。一些青年人会开始独立并努力工作，他们步入正轨开始人生的又一段旅程。而另一些人，却似乎停在了这里，他们总是找不到合适的职业，总是处在变动的状态里：换行业、换学校。甚至，会越发的懒散而完全不想工作。

上述任何一种情况都不是形成于青春期，它们仅仅是在青春期表现出来。在青春期，孩子有更多独立展现自己的机会，而以前他要受到大人的看管、监督和限制。如果人们真的了解某个孩子，他们完全可以预测孩子在青春期会如何表现。

个体生活的第三个根本问题是爱情与婚姻。为什么孩子在青春期时对这个问题的回答，会让我们更能理解他的人格特征？我要再次重申，青春期绝不是一个割裂出来的人生阶段，只是在这个阶段里，很多人的心理活动都格外清晰。面对爱情，他们抑或是浪漫，抑或是拥有勇气。无论是何种方式，他们总会找到自己对异性的合适方式。

另有一个群体，在面对两性的话题时会极度羞涩。但是，青春期，也就意味着这个问题必须面对，但这个群体却尚未做好准备。一个人在青春期所表现出的性格特征，可以成为对孩子未来人生道路的极为可信的判断标准。若想要孩子在未来有所不同，那么就要了解在这个阶段我们需要做什么。

如果孩子在青春期对异性持强烈的负面态度，那么追溯过去，就有可能发现他曾是一个非常好斗的孩子。或许他总会因为周围的孩子优秀而感到无形的压抑，故而他会产生一种信念，自己要非常努力，他必须让自己看起来很高傲，要掩饰自己所有的感受。他对于性的态度恰恰是童年经历的体现。

在青春期，孩子们常会有离开家的冲动。这或许是因为孩子对家里的境况不满，故而想要找到机会逃离。在这个阶段，如果孩子能继续获得来自家里的支持，无论是对于家庭还是孩子，都是最好的选择，但即便如此，孩子有时会选择放弃得到家里的支持。若是孩子之后真的遇到问题，他会为自己的失败辩解说是因为未能得到家长的支持。

此外，夜不归宿则是同一问题的弱化呈现。他们很想一到晚上就出去找乐子，无法安安静静地待在家里。这也隐藏着对家的不满，孩子们在家里感觉不自在，感到处处都在监视和管控着他。他们也因此根本找不到机会来表述自己，也没有机会明白自己哪里错了。这些现象都容易在青春期这个危险阶段里出现。

在青春期，孩子们会比以往更为敏感，很多孩子强烈感觉自己受到的关注没有以前多了。过去老师眼中的好学生、总会被表扬的学生，当他们进入到新的学校或是新的环境，开始从事新的职业时都可能出现这样的情况。我们常会听说某些很出色的孩子进入青春期后不再优秀。他们似乎变了，其实并非如此，事实上，只是在旧的环境里孩子的真实个性并没有表现出来。

友谊是应对这些青春期问题的一道良方。抑或是家人、抑或是其他人，孩子们需要与人成为朋友，家庭成员彼此间应当相互信任，孩子们应该相信自己的家长和师长。当然，在孩子的青春期里，能够依然被孩子认可、愿意听其教诲的家长和师长，往往也是在过去的时光里能够理解并且支持孩子们的。除此之外的其他成人，孩子会与他们渐行渐远；孩子不再信任他们，会将他们视为外人，甚至当成是敌人。

有些女孩会在这个阶段出现对女性角色的抗拒，她们会试着开始模仿男孩。而模仿到的就是抽烟、喝酒、加入团伙，这些行为能轻松被模仿，而那些勤勉的美德则被丢在了一边。此外，对这些行为的模仿也能吸引男孩的注意。

若是对这些女孩做更多分析，就会发现她们在儿时就已经表现出自己对女性角色的厌恶。而这些之前被掩盖住的喜好，在青春期会显露无遗。正因如此，观察这个阶段里女孩们的行为，就能明白她们是如何理解性别角色的。

处于青春期的男孩们则会开始显露自己的聪明、勇敢与自信。而有些男生却无法相信自己已真正成了男人。若是之前在性别教育上有差错，这时便会显露出来。他们的举止中会流露出女性的味道，更有甚者，会搔首弄姿。

一边是男孩过度的女性化，另一边则是男孩过度的男性化。过度男性化意味着酗酒和荒淫，甚至仅仅为了炫耀自己的雄性力量而犯罪。这些男孩往往好胜心强，有强烈的掌控欲。

但是，勇猛且野心十足的表象之下，隐藏的是孩子胆小与怯懦的一面。比如美国那起臭名昭著的绑票谋杀案中的两名凶手：李奥波德与勒伯（译者注：两人于 1924 年因绑票谋杀一名 14 岁的少年而被捕）。他们总是在寻求轻松的人生并希望能够轻而易举地获得成功，他们活力十足却无勇气可言。

青春期的孩子也开始对父母出手。如果没有对孩子有全面的了解，就会觉得是孩子变了。事实上，如果能够全面了解孩子的过去，就会知道孩子的性格各方面并未发生变化，只是在这之前，他们力量不足。

此外，青春期的孩子会感觉自己时刻都在接受检验，他们必须在每次的检验中都让人看到自己不再是个小孩子。这个想法会让孩子们的行为过于激烈，这就很像有时当我们特别想要证明什么时，反应就会过激。

这也是青春期孩子身上格外明显的特征。我们可以直接让孩子们知道，我们不需要他们特别证明自己已经不是小孩子。通过让孩子们了解这一点，就有可能避免上述我们列举的过激行为。

有些女孩在这个时期会迷恋性关系。这些女孩总是会与母亲争斗并总觉得自己备受压迫（有些孩子的确受到了压迫）；她们会想要与任何遇到的男人发生关系并以此来摆脱母亲。被发现之后，母亲的痛苦让她们非常过瘾。青春期女孩的第一次性关系往往就发生在与母亲争吵之后的离家出走，或是因为有太过严厉的父亲。

希望女孩是个好女孩而严加管教的想法非常荒谬，这也恰恰证明了父母在心理学上缺乏洞见。在这样的案例中，错在家长未能帮助女孩们准备好应对她们必将面对的未来。青春期之前的过度保护，让孩子们未能有足够的能力做出判断，在面对青春期的困惑时无所适从。

还有一些能在青春期侥幸度过的女孩子，却终究在婚姻里遇到了问题。如果未能做好准备，一旦不利环境出现，问题也就随之而来。

下面，我们以这个在贫穷家庭里长大的 15 岁女孩的案例来具体解释。她有一个体弱多病的哥哥，妈妈需要一直照顾哥哥。她留意到妈妈对待自己与对待哥哥之间的不同。境况又进一步不利，她出生那年父亲的身体也出现了状况，故而妈妈同时要照顾爸爸和哥哥，小女孩的成长环境里有两个人无意示范了如何被关注以及被照顾，这让小女孩也很想如此。而她总是不能得偿所愿，之后，妹妹的出生更是连那一点点仅有的关注也所剩无几。而且，就像是命运开了个玩笑，妹妹出生后，爸爸的身体康复了，这让小女孩觉得同样是婴儿阶段，自己没有像妹妹这样被照顾。孩子们往往会留意到这些。

女孩为了弥补这些在家里未曾拥有的关注，在学校里拼命学习。她是班上最好的学生，也因此能够进入高中继续学业。但是，高中开始后，一切却发生了变化。高中老师并不了解她，也没有对她有特别的欣赏，她的学习成绩开始下滑。而她，对来自他人的欣赏有着特别的渴望，但是现在无论是在家还是在学校都没有得到。她要从其他地方弥补，她从一个男人身上收获了这样的欣赏，于是他们开始同居。两周后，这个男人对她感到厌烦了。我们基本能够想象得到之后发生了什么，这个女孩也了解到这并不是自己所期盼的欣赏。而同时，她的家人开始担心并四处寻找她。之后他们收到了她的信件，上面写道："我服了毒药。请不要为我担心——我很开心。"自杀，是她在寻求幸福与被欣赏未果后的下一步。事实上，她并没有自杀，她只是想通过自杀来吓唬父母并希望被原谅。她的母亲后来有一天在街上看到了她，并把她带回了家。

若是这个女孩能看懂自己是在不断追寻能够被他人赏识，如果高中老师了解这个女孩以往在课业上的优秀以及她对于被赏识的渴望，那么悲剧就不会酿成。只要任何一个环节上能被理解和正确地对待，孩子或许都能免于堕落。

这也引出了性教育话题。性教育话题在近几年里热度飙升。有不少人对性教育的理解不够恰当，他们认为何时何地都可以开展性教育，这正是因为他们对性教育的无知。回顾历史，也未曾出现他们所描述的那种可怕景象。

个体心理学认为在孩子两岁左右时，要让孩子知道自己的性别。当然，孩子也要知道性别不再会变，男孩终究会长大成男人，而女孩会长大成为女人。只要了解这些，就已经远离了危险。在之后的成长过程中，只要别将女孩当男孩来养，也别将男孩当女孩养，他们的性别角色会固定化，并会为自己所属性别在人类社会的作用而做好准备。如果他认为通过某些方式可以改变性别，或者如果家长总是希望孩子能换个性别，这都会引来麻烦。《寂寞之井》一书所描述的正是这样一种情况。父母按照男孩的方式养育女孩，按照女孩的方式养育男孩。这就会造成一个看起来像男孩的女孩，而这终究会导致周围人以错误的方式对待他。最初若能避免，之后也就不会有那么多的麻烦。

此外，也要避免对女性角色的不公，避免认为男性更为优越。孩子们应当建立男女具有同等价值的理念。这样的理念不仅能够避免由于性别而引发的自卑情结，也能阻止男性角色容易出现的不良倾向。如果男孩的意识中并没有认为男性优于女性，那么他们就不会将女性看作满足自己欲望的物品，也不再会以邪恶的目的理解性关系。

性教育绝不仅仅是给孩子们解释生理学意义上的性关系，它还包含着对爱情与婚姻的态度，同样需要孩子们调整自己以符合社会情感，否则孩子就会以玩世不恭的态度看待性方面的问题，会以完全自我、放纵的方式对待。而这也时常发生，是人类文明中不光彩的部分。女性往往成了受害者，而男性在这虚幻的优越感中也未曾接触到人性真正的价值所在。

在孩子尚小时，没有必要开展生理学意义上的性教育。待孩子对此开始感兴趣，并想要了解得更为详尽时再开始。如果孩子比较羞于问这些，对孩子比较了解的家长也基本能拿捏得住何时该与孩子谈论。如果孩子在谈论中能感到来自父母的支持，他会愿意问更多问题，那么家长在回答问题时也要把握好尺度，要避免不合宜的回答反倒激起孩子的性欲。

性发育在孩子出生几周后就已经开始，我们无须因为看到孩子有性早熟的趋势就紧张与惊讶。有人的确会在婴儿期就能感到来自性方面的快感，甚至会自己触摸性器官来寻求这种快感。如若看到孩子有这种情况，没有必要过分担心与害怕，可以提醒孩子停止但也不要让孩子觉得你对此过于关注。否则，有时孩子会为了得到关注而刻意出现这些举动。孩子将其看作能够获得大人关注的本事，可对大人而言，我们会觉得孩子是被性欲所驱使。一般来说，较小一些的孩子摆弄自己的生殖器是因为他知道这会吸引家长的注意力，这和孩子装病的心理动机如出一辙。

减少过多的拥吻，因为这会刺激生理需求，尤其是青春期的孩子，父母要注意把握好尺度。心理层面也要注意不去刺激孩子。孩子常会在父亲的图书中看到一些轻佻的图册。在心理诊所常会听到这类的案例。我们要注意不要将性相关的书籍放置在孩子能触碰到的范围内。性内容的电影也同样要杜绝。

在尽力避免上述会引发孩子早熟的行为和内容后，大人也没有必要总是担惊受怕。只需要在恰当的时候以简单的词句表达即可，不要过度扰乱了孩子的心神，要以简洁且真实的方式回应孩子。孩子对家长的信任能够帮助孩子不被同伴的说法所迷惑。家长需要以合作、支持的态度来回应孩子，而不是以各种各样的托词来蒙骗孩子。

过早的性体验往往会影响之后的性生活。故而父母做爱时要尽量避开孩子。如果有可能，尽量将父母与孩子的卧室分开——更不能睡在一张床上。姐妹与兄弟也要分房睡。父母要留意孩子的举止是否正常，也要留意外界给孩子带来的影响。

与性教育有关的话题，可以总结为以下要点：与其他任何一个与孩子有关的话题一样，家庭合作与友好的氛围永远都最为重要。良好的家庭氛围、对于性别角色的正确理解、认识到男性女性都有重要意义，这些会帮助孩子做好准备来应对未来生活里可能出现的困难。他们会以健康的方式来应对自己的人生。

Pedagogical Mistakes

第十二章

教育中的错误

教育中，无论是家长还是老师都要极力避免伤害孩子的积极进取之心。不要仅仅因为眼前的一次失败就对孩子失去信心；不要在孩子面前总是做出悲观的预期，孩子们会因此而失去活力，变得冷漠且非常消极；也不要让孩子被所谓的天赋一说而迷惑。个体心理学强调大人要信任孩子，并不断鼓励孩子，孩子们只有不断地努力才能尽显才华；大人们也要让孩子们学会正确看到人生道路上的困难，那绝非是不可逾越的障碍，而只是需要去面对并解决的问题。即便是付诸努力，成功也不一定就随之而来，但是，努力过程却带来了更有意义的收获。

以这个上小学六年级的 12 岁男孩为例。男孩的成绩不好，这也影响了他。他有一段不幸的过去。因为得过佝偻病，他 3 岁时还无法走路，快 4 岁时，还无法说出完整的句子。在他 4 岁时，妈妈带他去看了心理医生，而心理医生却束手无策，认为孩子没什么希望了。但是他的妈妈并不相信，她将孩子送到一个儿童指导机构，不过，在这个机构里，孩子并未得到更多的帮助，他的进步非常缓慢。在男孩 6 岁时，大家决定送他上学。上学的前两年，还请了一位家教会在家给他补课，从而帮他通过学校的考试。之后，他凭自己也通过了三四年级的考试。

这个男孩在学校的表现是这样的：他很懒惰，并以此引起别人的关注，他抱怨自己难以集中注意力，也不能专心听讲。他与同学相处不融洽，经常受到同学们的嘲笑。他总是感觉自己比别人弱一点。在这么多的同学中，他只有一个朋友，他非常喜欢这个朋友，两人有时会一起去散步。他觉得其他孩子都很讨人厌，无法和他们建立良好的关系。教师抱怨他的算术不好，也不擅长写作，尽管如此，教师还是相信他可以在学习上获得与其他人一样的成绩。

基于对孩子过去的了解以及他的能力所在，显然对孩子的治疗基于了错误的判断。这个孩子陷入了一种强烈的自卑感中——也就是自卑情结。这个孩子有一个各方面都发育不错的哥哥，父母经常声称家里的长子没怎么学习就考进了高中。家长们很喜欢说自己的孩子用不着很努力就获得了成功，孩子们也开始跟着以此为豪。但是，不花功夫就想学会东西，那根本就是天方夜谭。家里的长子更有可能是学会了如何在教室里高效地学习。在学校如果不够专注的孩子，就需要在家补足功课。

两个孩子之间竟然有如此大的差异。我们案例中的男孩总感觉自己处处都不如哥哥，这也让他总觉得自己没有什么价值。当妈妈生气时，他总会听到妈妈这么讲，此外，他的哥哥也经常会说他是笨蛋或者白痴。他妈妈提到，如果孩子不听哥哥的，哥哥就会踢他。我们据此能得出一个判断：这个孩子认为自己不如他人。而生活处处似乎都在证明他的判断。同学会嘲笑他功课错误百出，他自己也觉得无法注意力集中。每个困难都足以击败他，老师总会说他不适合这个班、不适合这个学校。这一切都让孩子感觉自己掉入了深渊无法自拔，而周围的反馈又似乎一再证明这些对他的看法是对的。当孩子看不到未来，失去了对未来对自己的信心时，这实在可悲。

当我们以轻松的方式与这个孩子交谈时，他开始发抖，脸色发白，但是真正令孩子失去信心的并不在此，而是一个小小的但是却非常重要的细节。当我们问他多大时（之前已经了解到孩子现在是 12 岁），他说："11 岁。"孩子一般不会说错自己的年龄，说错年龄往往意味着有一些原因。基于对孩子过去的了解，我们认为孩子是想回到过去，回到自己尚小、还需要被他人帮助的时候。

根据手边搜集到的与孩子有关的材料，就能架构起孩子是如何看待外在的人与事。他没有努力去做同龄孩子所做的事，也自然无法在做事过程中获得对自我的认可；他的行为举止中透露出他对自己的看法，他感觉自己永远无法像别的孩子那样。他将自己的年龄说小正隐含了他对自己的看法。事实上，他虽然回答"11 岁"，可或许他更认为自己也就 5 岁。他也不断通过调整自己的行为让自己看起来更像是发育迟缓的孩子，并在这样的行为中去证实自己的判断。

他白天还会尿裤子，甚至无法控制自己的排便。这些情况往往都出现在孩子认为自己还未长大时。这些情况都不断肯定我们的推测：这个孩子希望能回到过去。

在孩子还未出生时，家里就已经聘请了一位家庭教师。这位教师很喜欢和孩子待在一起，很愿意为孩子做一些事情，无论何时都愿意像孩子妈妈那样照顾孩子。据此，我们能得出更多结论。我们了解到孩子过去的生活方式，知道他不愿意早起。起床前的磨蹭，说起来就让人感到厌烦。据此能看出孩子不愿意去学校。与同学的不融洽、学校的压抑、在学校处处都感到自己不如别人，这些都会让孩子感到无法适应学校的生活，这样一来，起不了床去上学也就可以理解了。

可是他的家庭老师却说孩子愿意去学校。孩子上一次生病时，每天都会想要起床去学校。这其实并不与我们在上段所得出的结论相矛盾。但是，家庭教师为何会搞错呢？其实情况很清楚也很有意思。孩子在生病时，即便说要去上学，家庭教师也一定会说："你病了，不能去学校。"孩子的家人却无法理解这彼此看起来矛盾的说法，他们不知道要如何帮助孩子。此外，在不断观察中，我们也看出这位家庭教师也并不理解孩子真正在想什么。

之后，孩子从家庭教师那里偷偷拿钱去买糖果，也正是这件事，他被送来我们这里。这个行为，同样是小孩子的行为。为了买糖果拿钱，这看起来很幼稚。只有小孩子由于还不能很好控制自己对糖果的贪恋才会这样做；也只有小孩子才不能很好地控制身体。这些行为在心理学上有显著的意义："你要一直盯着我，要不然，我就会调皮捣蛋。"这个孩子对自己没有自信，故而不断用一些事情吸引其他人的关注力。当我们将孩子在学校与在家里的情况一对比，就可以看出问题。在家里，他几乎能够让人一直围着他转，但是在学校里是不可能的。那么要如何来帮助这个孩子呢？

这个孩子之所以被带到我们这里，是因为大家都觉得他落后又自卑，不过，他其实并不该被贴上这些标签。他是一个非常正常的孩子，只要他对自己有信心，他也可以像他的同学那样完成每一件事情。他对一切都持悲观的态度，总是做事前就预设自己会失败。他的举止处处都透露出对自己的不自信，在老师的评语里也能读出他的不自信："注意力无法集中，记忆力差，不主动，没有朋友等。"他周围的人几乎都能感到他对自己的失望，而周围的环境也不断加剧这种情形，似乎已是无药可救。

在完成本书附录部分的个体心理学调查问卷后，我们与孩子进行了面谈，也与其他周围的人商讨了如何帮助这个孩子。首先是孩子的妈妈，她早已对孩子不抱有任何希望，只是希望孩子能够学会某种技能以便能应付生活。其次是孩子的哥哥，在哥哥的眼里，他的弟弟根本不值一提。

当被问到“你长大了想做什么”时，男孩说他不知道。这是一个不正常的回答。人们也总是怀疑一个半大的孩子难道真的知道自己未来想做什么吗？我们的确很少人会真的从事儿时梦想中的职业，但是“你长大后想做什么”这个问题的意义不在于此。在孩子小时候，往往是诸如司机、保安、售票员这样能被孩子看在眼里的职业会成为他们的选择项。但是，如果孩子未曾有这样一个生活中实实在在的目标，那么可以怀疑孩子眼中没有未来，他们只想再回到过去，而不愿意迎接未来，这正是问题所在。

这听起来像与个体心理学的理念有所冲突。我们一直都宣称孩子在不断地追求个人的优越感，我们也一直都试图证明孩子都愿意显露自己，都想要证明自己很了不起，能完成所有的事。而我们面前的这个孩子似乎看起来与这一切恰好相反；这个男孩只想退步，他只希望自己能回到小时候得到大家的支持。这要如何解释？心智的活动绝非简单的因果关系，而是很复杂的情况。从复杂情况中，只做简单的因果判断，往往意味着错误的发生。要触及问题的本质，我们需要看到孩子的全景。事实上，孩子恰恰做出了对自己最为有利的选择。在孩子小的时候，都比较柔弱无助，几乎不能做任何事情。孩子对自己也没有什么信心，会觉得自己什么事情都做不了。有了这样的过去，我们又怎能期盼他们会满怀信心地面对未来？他们自然会想尽办法避免外界对自己能力上的评判。因而，他将自己的能力范围缩至最小，不想被任何人问及能做什么。继而，我们也就能够理解，对于这个孩子而言，唯一能够让别人看到自己的方式，就是让他人认为他是一个需要得到帮助的小孩子。

除了与孩子的老师、母亲和哥哥商讨，我们也与孩子的父亲以及我们的同事有所探讨。这样一系列的探讨意味着较大的工作量，中间如果能赢得老师的支持，工作量会大大减少。这绝非不可能，但也绝非易事。许多老师更倾向于使用旧方法，也倾向于旧的理念，他们将心理学方面的测试视作特殊方式。一些老师会担心心理学的测试意味着老师将会失去权力，他们认为心理学测试是没有依据的干扰信息。事实并非如此，心理学作为一门科学，确实无法轻易被大家了解，但它是一门值得研究与实践的学科。对这门科学所持的错误态度，会大大影响它的用处。

对于从事教育工作的人来说，尤其是对老师来说，宽容和耐心都是必须具备的素养。此外，要以开放的心态面对心理学观点，尤其是当某些观点和人们通常理解的不一样时，更要保持开放的心态。我们没有权力去反驳老师的意见，不过在面对困境时，该如何处理呢？以我们的经验来看，碰到类似的情况，必须及时地给孩子换个环境，让他离开困局，改上别的学校，这是他唯一的出路。这么做的话，不会给任何人带来伤害，因为大家都不会知道到底发生了什么，而对孩子来说，也不用负担什么了。等男孩进入了新的环境，就会努力用功，以此来应对他人的反感或是嘲笑。关于后续情形是如何安排处理的，就比较复杂了，在此不过多解释，而这里面当然有很大成分取决于他的家庭环境。每种情况都有其对应的处理方式，要是老师们能够多了解一些个体心理学的知识，就比较容易理解出现此类情况的学生了，也能够及时地发挥作用，给孩子更多有效的帮助。

Educating the Parent

第十三章
对父母的教育

我们多次提到，本书通过介绍心理学中关于儿童心智方面的最新研究，希望既能帮助到老师，也能帮助到家长。在最后一章中，在孩子们普遍接受学科教育的前提下，我们将更多关注学科外的教育，也就是儿童人格的发展。人格发展是儿童教育里尤为重要的一部分。在对孩子的教育中，父母与老师各司其职，家长会补足学校教育里的缺失，同时老师也会补足家庭教育中的缺失。但是，我们不得不承认，在今天的社会里，在大城市中，教育职责更多落在了老师的肩上。家长的确不像老师那样可以以开放心态迎接教育里的新理念，当然老师们之所以选择老师这个职业，也是源于他们对儿童教育的兴趣。

老师在教育孩子的过程中，难免会出现与家长发生冲突的情况。其中最难以避免的冲突便是当老师们纠正孩子的行为时，在家长看来，很容易觉得是被指责了。那老师该如何处理这种情况呢？

以下是我们对这个问题的讨论。

在下文的论述里，我们从老师的角度开展讨论。因为老师需要把与家长打交道视为心理咨询来对待，并予以解决。已经当上父母的读者，请不要看到这个表述时生气，还请了解这里特指给老师们在教学过程中带来了不小阻力的少数家长。

老师们常会提到，应对问题孩子的家长比应对问题孩子要困难得多。因此，教师需要掌握一定的工作技巧，这很有必要。老师们在与家长接触前，要先意识到家长并不是导致孩子出现不良行为的唯一原因。家长们毕竟不是教育专家，他们所能做的也往往只是遵循传统。当被请家长时，他们的第一感觉是自己做错了事。家长们会由于自责而陷入不良情绪中，老师就更该注意自己的说话方式。在解决问题之前，老师们首先要尽力让家长们从自责的情绪中放松下来，能够在更为友好与自在的氛围中一起解决孩子的问题；老师们要视自己为家长的有力支持者，一切都是基于能让孩子越来越好的初心。

当家长们的态度还比较强硬时，要再等一等。如果能和家长共同设定方案、能让家长改变自己的态度、能让家长一起采纳新的方法，重点是一定会事半功倍。此时，老师谈论家长过去的错误做法意义不大，而是要努力让家长们开始尝试新方法。老师单纯地指出家长的错误只会引起敌对情绪，使家长们抗拒合作。孩子走下坡路绝非凭空发生，一定有其原因所在。家长们之所以愿意到学校来，也是因为他们觉得自己可能忽略了什么。但即便如此，我们也要尽力缓解家长由于这样的想法而产生的压力；老师在与老师家长对话时，避免使用说教式的语言。若是需要给建议，也要尽力避免使用绝对的语言。尽量以“大概”“可能”“或许”“可以试试”开启与家长的谈话。即便你非常清楚问题之所在及改善方法，也不要轻易鲁莽地指出，尽量避免让家长觉得是被命令着要做什么。这种对问题的巧妙处理，需要经过长期的练习和累积。本杰明·富兰克林在他的自传中提到了他的打磨经历：

“我一位朋友曾善意地提醒我，大家觉得我颇为傲慢，在与别人的交谈时，我总会不经意就露出自傲的样子；在与他人探讨问题时，如果我的观点正确，我就会显得不可一世，他特别提到了具体的例子来说明我有这样的问题。于是，我决定改掉这个毛病，当然，这只是我众多毛病中的一个，所以，我在这份改进清单中加上了‘谦卑’这一条。

“虽说我无法夸下海口说自己是一个完全谦卑的人，但是至少从表面上来看，我进步了很多。我为此给自己订过一个规矩，就是让自己不直接反对他人意见，也不对自己的观点持绝对的肯定。甚至，我会按照传统政务律法所要求的，在言语上不再使用‘肯定’‘毫无疑问’这样带有绝对口吻的词汇，而是改用‘我想’‘我觉得’‘我认为’。当他人所说的观点在我看来并不正确时，我也不会冲动地马上反驳，指出对方错在哪里，而是尽力控制自己。若是需要回答，我则会说，在某些特定的情形下，他的说法是对的，但是在当前的形势下，似乎也不太合适。很快，我就发现这样的说话方式带来了许多益处，与他人的谈话变得越来越顺利，而且交谈成了令人愉悦的事情。用这样一种委婉的方式来表达自己的观点，反对的人也越来越少了。即便我的一些观点不对，我也不会为此感到羞耻；而如果恰好我的观点是正确的，我比以往任何时候都能更容易让他人丢弃错误的观点。

“最初以这样的方式沟通时，我倍感压抑，因为这的确与我自然的表达方式不符，但渐渐地，我能够越来越舒服地这样沟通，它成了我自然而然的沟通方式。在过去大概 50 年里，已经没人说我爱说教了。这个习惯也让我在早年间获得同胞的支持，同意建立一个新的体制，随后，又在我当上了众议院议员后，让我依旧有久远的影响力。事实上，我并不擅长演讲，口才也不够突出，措辞上，总是犹豫不决，表达也不怎么精准。可即便如此，人们通常也还是会对我提出的观点表示认同。

“事实上，或许没有哪种品性会比自傲更难调服。我们试图掩藏它，试图与它抗争，甚至打倒它、无视它、压制它，但是它总会出现。翻开历史教科书，这样的例子比比皆是。即便我说我确信已经完全调服了它，可我此刻大概还是陷入了对自己谦卑的骄傲中。”

富兰克林的忠告并非何时何地都适用，也绝非强求就能做到。但是，富兰克林的洞悉却告诉我们，不合时宜、盛气凌人地反驳他人只会徒劳无功。在日常生活中，没有一种法则能够应对所有情形。每个法则都有自己适用的范围，当突发事件出现时，这些法则就会失效。一定会有一些情况，恰恰需要坚定强势的态度。但是，在面对家校关系时，一方面是老师，另一方面是焦虑的家长，这些家长经常因为孩子的事情感到低人一等，非常焦虑，一定要记得，如果没有家长的支持，我们将无计可施。故而，我们需要采用富兰克林的方式及态度与家长沟通，并进而帮到孩子。

此时的着眼点，不应当是要证明自己观点的正确性，也不是要去彰显个人的优越，而是要从孩子的角度出发，看是否能够帮助到孩子。这也绝非易事。大多数家长已经听不进去建议，因为他们觉得在老师眼中无论孩子还是自己都不够优秀，所以面对老师时，会有些害怕、有些急躁，甚至带有敌意。他们之前对孩子的问题总是睁一只眼、闭一只眼，而此刻，他们被外界逼着不得不彻底面对这些问题。故而，如果此时老师太过唐突和强势，就有可能失去来自家长的支持。有些家长可能会更为过激，他们面对老师时会出现强烈的情绪，甚至无法沟通。在这种情况下，老师需要让家长们感受到自己是来寻求支持的；让家长们渐渐平静下来，慢慢能够相互友好真诚地沟通。其实，家长们受制于旧的习惯往往无法自在且放松地交谈。

如果一位父亲过去 10 年里都以严厉的语气与孩子说话，那么忽然让他以友善的语气与孩子说话，这绝非易事。不得不提，如果真的有父亲突然彻底改变了对孩子说话的方式，孩子最初也不会相信这样的变化是真的，只有长期的举止变化才能建立起父亲在孩子那里的信心，再聪明的人也没有例外。有一位高中校长总在批评自己的儿子，也总是唠叨不止，他的儿子被爸爸逼得近乎崩溃。在一次与我们的交谈中，这名高中校长忽然意识到这一点。但是，回家后他又对着孩子做了一番冗长的说教。当孩子犯懒时，他又开始大发脾气。每次孩子做的事不能让他满意时，他都会勃然大怒抛出狠话。如果一名老师尚且如此，我们又如何能强求普通的家长能马上接受不对孩子打骂的观点呢？在与家长的交谈的过程中，要尝试采用一些沟通技巧，进而能够让沟通顺畅地进行下去。

处于社会底层的家庭中，教育孩子往往少不了“皮鞭”。这些孩子的家长们如果因为孩子的不当行为而被叫去和老师面谈，面谈之后，孩子等来的一定是一顿毒打。老师们苦心相劝的一点点作用就这样被家长的不明智之举抵消了。孩子们也因为犯了一次错而受到双倍惩罚，我们所持的观点是，一个错误罚一次就够了。

加倍的惩罚，往往会造成严重的后果。比如，孩子的成绩很差，可是他又必须让家长看到成绩单。因为害怕挨揍，他把成绩单藏了起来，但他同样害怕被老师发现受到老师惩罚，于是他选择逃学，或者模仿父母的笔迹签字。如果出现这类事件，我们决不能掉以轻心，要综合考虑孩子所处的实际状况，根据孩子所处的事件境况来进一步决定。在处理问题之前先尝试问问自己：如果我直接和孩子说，会出现什么状况？会对孩子带来什么样的影响？我要做什么才能确定帮到孩子？孩子是否能够承受压力并能够做到“吃一堑，长一智”？

孩子与大人面对困难的方式并不相同。当我们试图通过再教育的方式为孩子重塑生活方式时，一定要格外小心，要对结果有一定的把握。在对孩子的教育和重塑教育中，只有经过深思熟虑和客观判断才开始行动的人，才能更加准确地对效果进行预测。教育中，实践与勇气都不可或缺，无论何时，都不能动摇自己的信念，要相信一定有办法能帮助孩子。首当其冲的，就是那条古老且被奉为铁律的规则：无论何时开始都不晚。能真正做到理解并帮助到孩子，要基于将每个个体都视作整体的认识；将孩子的行为举止也都看作孩子整体中的一个部分，而不是孤立地抓住孩子的某个行为不放，以死板的方式来解决问题。比如有些老师发现孩子不做功课，唯一做的就是马上通知家长。

我们现在所处的时代，育儿领域中不断涌现出新思想、新方法。科学正在不断代替那些传统观念与教育方式。随着知识量的增加，老师们的责任重大，同时，老师们也越发地了解孩子们所出现的问题，并在解决问题的过程中获得了更多帮助孩子的能力。老师们要牢记一点：不能脱离孩子的整体人格来单看其某个行为，这毫无意义。只有将孩子的单个行为与其整体人格统一起来研究，才能真正理解孩子的某个行为及其背后所隐含的意义。

(Appendix I) An Individual Psychological Questionnaire

附录一
个体心理学调查问卷

本问卷由国际个体心理学协会起草，以助理解和帮助问题儿童

1. 孩子是从什么时间开始出现问题行为的？

问题最初出现时孩子所处情境如何（心理层面或其他层面）？

尤其请留意：情境的变化、入学、弟弟或妹妹出生、学校成绩不理想、老师或是学校更换、新朋友、生病了、父母离异或再婚、父母离世。

2. 孩子在小时候是否出现过下述心理或身体上的情况：胆小、粗心、内向、笨拙、嫉妒，以及在饮食起居、穿衣洗漱方面还需要依赖他人？

孩子是否怕黑？

孩子是否理解自己的性别？

孩子是否出现第一性征？第二性征？第三性征？

孩子如何看待异性？

孩子对自己性别的了解程度？

是继子吗？

是私生子吗？

是被收养的孩子吗？

是孤儿吗？

孩子的养父母待他如何？他们彼此还有联系吗？

孩子何时学会的走路与说话？期间是否顺利？

孩子出牙正常吗？

孩子是否在学习阅读、写字、唱歌、游泳的过程中出现了明显的障碍？

孩子是否对爸爸、妈妈、祖父母或者阿姨有特别的依恋？

决定因素包括：孩子对周围的环境是友好还是憎恶，孩子自卑感的来源，孩子是否会避开困难，孩子是否自私以及孩子是否过于敏感。

3. 孩子是不是总闯祸？

孩子最怕的是什么？最怕谁？

孩子半夜会哭吗？会经常尿床吗？

孩子会不会欺凌弱小的孩子，还是会对抗霸道的孩子？

孩子会特别想和父母睡在一起吗？

孩子的行动笨拙吗？

孩子是否得过佝偻病？

孩子的智商如何？

孩子会经常被取笑吗，会被嘲笑吗？

通过发型、衣物、鞋帽，孩子会表现出爱慕虚荣的一面吗？

孩子会有咬指甲、挖鼻孔的习惯吗？

孩子会太馋吗？

通过这些问题，家长可以了解孩子是否有足够的勇气追求优

越，也能看出他是否过于偏执而影响到了行动力。

4. 孩子的交友是否顺利？

孩子是否能容忍他人或是动物，还是会骚扰或虐待？

孩子是否喜欢搜集或囤积？

孩子会总想要东西吗？

孩子是否喜欢让大家都听他的？

孩子是否喜欢独自待着？

这些问题能衡量出孩子的社交能力，以及抗挫折能力。

5. 参考上述问题，孩子目前的状态如何？

孩子在学校的表现如何？

孩子喜欢学校吗？

能按时到校吗？

去学校前孩子兴奋吗，还是会急匆匆的？

他会总找不到书、书包和练习册吗？

在小测验或考试前，孩子会兴奋吗？

孩子会不会忘记写作业？

孩子会抵触写作业吗？

孩子会浪费时间吗？

孩子懒吗？

能够集中注意力吗？

会不会干扰课堂?

他如何对待老师?

是否总会抱怨老师，看不起老师，或对老师很冷淡?

在功课方面遇到问题时，他会主动寻求他人帮助吗?

对运动项目是否过于热情?

孩子是否会觉得自己天赋异禀还是毫无天赋?

他是否擅长阅读，会偏爱哪一类的读物?

这些问题能反映出孩子是否做好了开始学校生活的准备，是否能顺利度过“入学测试”，以及孩子面对困难会采取什么态度。

6. 孩子的家庭氛围如何?

是否有家族疾病史?

家中是否有人酗酒?

家人是否有犯罪记录?

家人是否患有神经衰弱?

家中是否有人身体虚弱?

家里是否有人患有传染病或癫痫?

家庭的生活标准如何?

家中是否有人离世，是在孩子多大时离开的?

在家中谁是精神主导?

家里的管教是否严格?

家中是否有人总是唠叨不止?

家里是否有人特别爱找碴儿？

家里是否有人过于任性？

是否受到家庭的影响而缺乏面对生活的勇气？

孩子在家族圈中的位置以及孩子对整个家族的看法，能看出孩子对家形成了哪些印象。

7. 孩子在家中的排行是？是最大的孩子还是最小的孩子？是家里唯一的小孩吗？是独生子，独生女？

孩子之间是否存在竞争？会总被彼此弄哭？会恶意嘲笑彼此？是否总会想要去恶意诋毁对方？

这些信息对了解孩子的个性很有帮助，也能看出孩子是如何对待他人的。

8. 孩子是否对未来的职业选择有自己的想法？

他对婚姻怎么看？

家里其他人都从事什么行业？

父母的婚姻状况如何？

这些信息能反映出孩子是否对未来充满勇气与信心。

9. 孩子最喜欢的游戏是什么？

最喜欢的故事是？

最爱哪一个历史人物？

最爱哪一个童话角色？

孩子充满想象力吗？

孩子是个冷静的思考者吗？

孩子会不会沉迷于白日梦？

这反映出孩子是否想成为英雄。行动上与幻想的反差恰恰反映出孩子缺乏足够的勇气。

10. 孩子对自己的早期记忆是什么？

是不是会经常梦到在飞、坠落、无力？

会经常梦到赶不上火车？

是否出现其他引发焦虑的梦？

这些问题能反映出孩子是否喜欢独处；是更为小心还是更为大胆；是否特别喜欢某些人或者某种生活方式。

11. 孩子会在哪方面表现出沮丧失望？

他是否觉得自己被忽视了？

是否能以平常心来面对大家的关注及表扬？

孩子有迷信的想法吗？

会拒绝困难吗？

他是否对什么都感兴趣但都是浅尝辄止？

对自己的未来并不确信？

他是否受困在了遗传中的不利部分?

他是否会被周围沮丧的气氛所影响?

面对生活，他是否过于悲观?

通过这些问题，能了解到孩子是否对自己失去信心，在人生道路上是否走错了方向。

12. 是否还有其他的不良习惯或小花招？比如：喜欢扮鬼脸、装傻。

这说明孩子为了得到关注，就算是有点儿丢人也无所谓。

13. 他有语言障碍吗？

长得丑吗?是否有膝盖畸形、罗圈腿、发育不足、肥胖?太高的情况?身体各部分的比例不协调?

眼睛与耳朵是否发育正常?

智力发育正常吗?

是左撇子吗?

晚上是否会打鼾?

是否非常帅气?

孩子们往往会太过看重这些，故而也就很容易受这些问题的影响。长相俊朗甜美的孩子就容易因此养成不劳而获的想法，并深陷其中不能自拔。他们也就错失了许多为自己的未来做好准备的机会。

14. 孩子是否总说自己啥也干不了？

是否总会说自己没有学习的天赋、没有工作的天赋、不会生活？

是否有过自杀的想法？

孩子在遭遇失败的时候是否也会给别人带来麻烦？

孩子是否更愿意提及不劳而获的胜利？

孩子的性格是顺从听话，还是非常固执，喜欢反抗？

这些问题反映出孩子是否近乎绝望。绝望往往是因为孩子已经难以摆脱困局。孩子之所以会陷入困境，一部分是因为努力未见效果，一部分则是与周围其他人相处不融洽。但是人都趋向于有优越感，故而他们开始寻求简单粗暴的方式。

15. 孩子的成功案例有哪些？

这些“正面反馈”中也有重要的信息，可以从另一个角度了解孩子的兴趣、孩子的意愿以及孩子所为此做好的准备。

上述问题的提问顺序切忌被固定化，而是要在谈话过程中灵活安排。通过上述问题的答案，我们就可以描绘出孩子的性格了。我们并不是要给孩子的失败找寻借口或托词，而是为了能更好地理解孩子为何在某一方面会失败，也就更能耐心并友好地给孩子解释，而不是胁迫孩子。

(Appendix Ⅱ) Five Case Histories with Commentaries

附录二

5 个案例及点评

案例一

这个案例中的主人公是一个15岁的男孩，他是家里的独生子。

他的父母辛勤工作，全家人都过着舒适的生活。在父母的照顾下，孩子身体健康。童年时期的孩子开心又健康。孩子的妈妈人很好，但比较软弱、爱哭。妈妈费了很大的周折才完成了孩子的报告，在描述儿子的状况时，她的叙述不太流畅且经常中断。对父亲的了解也来自孩子妈妈的叙述，她说先生为人诚实，精力充沛，爱家并且非常自信。在男孩小的时候，如果他不听话，父亲会说："现在我管你，是为了你以后不犯大错。"他并没有教孩子具体怎么做，只要孩子做错就鞭笞，这也就是他认为的"管"，他认为这样就能把孩子管好。孩子小的时候，总想让全家人都听自己的，这也是大部分被惯坏的独生子常会出现的问题。孩子从小就不愿意听大人的话，只要父亲不动手，他就不想听。

当问及孩子最鲜明的性格特点，所有人都会肯定地说出"爱撒谎"。孩子试图通过撒谎免遭挨打。撒谎，也是孩子的妈妈求助于我们的最主要问题。孩子现在已经15岁了，可是家长已经完全分不清他说的哪句是真的，哪句是假的。在与孩子的父母更多接触后，我们得知孩子在学校读书时，老师也经常会提到孩子不听话而且会干扰课堂秩序。比如，老师没有问他，他就大声回答问题；有时会故意为了干扰课堂秩序而问问题，或者在上课时大声和同学讲话。他的作业字迹潦草——他是一个左撇子。他的举止非常出格，又为了不被爸爸打，他撒谎成性。父母最初想让他住校，但是很快学校也束手无策，只能又将他送了回来。

即便如此，老师们都觉得这个孩子非常聪明，是一个活泼的小伙子。在完成公立学校教育后，他参加了高中入学考试。之后，他和一直在等成绩的妈妈说自己通过了考试，全家人都非常开心，然后一起去乡下度假。孩子在假期里经常会说到高中。学校开学后，他每天都会整好书包去学校，并且每天都会回家吃午饭。但是，有一天，他的妈妈和他一起走了一段路，在过马路时，有个人说："这就是上午给我指路的那个男孩。"他妈妈问孩子，这是什么意思？为什么早上没有去学校？孩子说因为早上 10 点学校就放学了。妈妈隐隐觉得这个解释太过牵强，于是就和孩子爸爸讲了整个经过，爸爸决定第二天和孩子一起去学校。第二天，在去学校的路上，孩子承认自己其实没有通过考试，他也从来没有去过高中，他每天就这样在街上闲逛。

之后，家里找了一位家教老师，在家教老师的帮助下，孩子终于考入了高中。但是，他在行为上却没有任何进步。他还是总干扰课堂秩序，甚至开始偷窃。他会从妈妈那里偷钱，而且一直拒不承认，直到在警察的面质下，他才不得不承认。这是一个让人痛心的例子。孩子的父亲，总是自负地认为用自己的方法能纠正孩子，而现在，孩子彻底陷入了绝望。他们用不和他讲话、不关注他的方式惩罚孩子。甚至，连打也不打了。

当被问及“何时开始出现麻烦时”，妈妈说：“这孩子从一出生就没消停过。”这个答案透露出，在妈妈的眼中，这孩子天生就有问题。父母认为他们已经努力扭转孩子，但是都无济于事。

他从小就让人不得安宁，没日没夜地哭。不过，医生说他很正常也很健康。

这句话值得推敲。婴儿用哭来表达再正常不过，哭的原因也有很多，尤其对新手妈妈来讲更是如此，比如孩子的尿布湿了，但是在孩子哭的时候，大人很容易忘记去检查尿布。那么，这个孩子在哭的时候，妈妈都会做些什么呢？她会抱他在怀里，摇晃他，喂他。而她往往却忘记弄清楚孩子到底为什么哭，应该及时地找到孩子哭的原因，解决问题，而不是一直被孩子拴住。孩子其实原本可以不用那么哭，也就不会给她留下如此难养的印象。

妈妈提到无论是说话、走路，还是牙齿的发育，都很正常。他会在拿到一个新玩具后很快就把它搞坏，但这也不能说明孩子就一定会有不良品格。但是，下面这段记录值得注意：“他没有办法自己待一会儿。”那我们就需要关注母亲如何才能教会孩子独处，唯一的方式就是孩子能够不被大人打扰。我们也因此怀疑这位妈妈没能做到这点，而在她的记录中也的确有不少这样的例子，比如，孩子总是会找她帮忙做这做那，另外，孩子很黏她，等等。

这往往是被娇惯的第一步。

这孩子从来没有一个人待过。

这是妈妈在为自己辩护。

孩子都这么大了，他自己连一个小时都待不下去。一到晚上更是没法单独自己一个人，他从来都没有晚上自己一个人待过。

从这里完全能看出这个孩子有多黏妈妈，他一直要和妈妈待在一起。

他并不害怕，他都不知道什么是恐惧。

这与我们从心理学角度得出的结论并不一致。对于孩子们来说，都是没有和其他人在一起时才会觉得害怕，而这个孩子从来都和其他人在一起，也就意味着孩子根本没有机会害怕。此外，接下来这条也出现了自相矛盾。

他很怕父亲的鞭子。所以，孩子还是有害怕的事物。挨揍之后，有时甚至是暴揍，这个孩子很快就会忘记，又开始调皮捣蛋。

母亲惯着孩子，而父亲却态度强硬，这是对孩子而言是非常不幸的两个极端。由于父亲急躁的情绪，孩子就会越来越向母亲那边靠拢。孩子当然会选择惯着自己的那方，他可以轻而易举地要到自己想要的。

他 6 岁开始在学校上学时，负责主管他的老师就常常会说这个孩子过分好动、爱吵闹以及无法集中注意力。对他行为方面的投诉远远大于对他学习成绩的投诉。尤其需要留意他爱吵闹的行为。当一个孩子想要被其他人关注时，吵闹是最好的方法。他早已养成了被妈妈关注的习惯，现在，进入学校这个更大的群体后，他也同样需要得到老师和同学的关注。如果老师不能看懂这一点，那就仅仅会想要通过把孩子叫出去训话来改变孩子的行为。孩子会为了想要获得他人的关注而付出代价，但他早已习惯这样做了。他在家里常常为此挨揍，但并未有什么改善。那如果学校尝试用比较温和的惩罚方式，孩子是否会改过自新呢？未必会。如果孩子不情不愿地来学校，成为被所有人关注的焦点就是他补偿自己的方法。

上学前，为了能让孩子的行为有所改善，家长会提醒孩子，到了学校要为班级着想，孩子们就必须得保持安静。这个说法太不可信了，孩子自然会怀疑。孩子们就像所有大人一样知道怎样是对，怎样算错。但是，对于孩子来说，他确实遇到了麻烦。他想要被关注，可是安安静静的根本就不可能被关注；想要通过努力学习获得好成绩而得到关注，这绝非易事。所以，这样看来，这个孩子的行为就很好理解了。显然，看到父亲拿着鞭子，这孩子就会安静一会儿。但是，就像妈妈所说，只要爸爸一离开，这孩子就又恢复原样。打骂和惩罚只不过是个小插曲，绝不会有任何永久性的作用。

他经常发脾气。

发脾气显然会引起大家的关注。所谓“发脾气”，不过就是想要达到某个目的的一种规律性的行为。如果某人只是想安安静静躺在沙发上，那他就不会发脾气。通过发脾气，我们可以看出发脾气的人总有某些目的，例如在本案例中的男孩子恰恰是通过发脾气博人眼球。

刚开始上学时，这个男孩要带很多东西去学校，他会用这些换些钱然后取悦同学们。父母发现后，就开始每次在他出家门之前检查他的书包。之后，这个习惯渐渐没有了，他又开始讲笑话或者出现各种干扰行为。有时，在父亲的严惩下，他会稍微收敛一些。

他讲笑话的动机很容易被理解，他希望得到其他人的注意，他希望能以此让老师不得不处罚他，他希望自己表现出一定的优越性。

他渐渐地尽力不去闯祸，可是却依旧会周期性地出现，而且变本加厉。最后，他被学校开除了。

这进一步印证了之前我们的推断。这个孩子一直都是想要得到他人的关注。在努力博得他人认可的过程中，会遇到很多障碍，孩子也清楚这一点。此外，这个孩子是一个左撇子，这就更能帮助我们理解孩子在想什么。尽管他不想惹麻烦，可是似乎又总会碰到问题，自己又没有足够的能力解决这些问题。越是对自己没有信心，他就越想要证明自己值得被大家关注。学校最终因为无法再容忍他的捣乱行为而开除了他。从学校的角度来看，为了避免影响其他孩子，开除不断捣乱的孩子似乎也能被理解。不过，当我们对教育所持的信念是通过教育来补上孩子的不足时，开除的做法就未必合适。被开除后，这个男孩更容易从妈妈那里寻求关注，他也不用因为要去学校而勉强自己了。

需要提到的一个细节是，在一位老师的建议下，孩子在假期里曾被送去儿童福利院。在那里，管控更为严格，但这个尝试也未见效果。他的父母依旧还是他的主要监管人。孩子会在每个周日回家——这是孩子非常开心的一点。但是，如果未被允许回家，他也并不生气，这一点也能够被理解。他希望扮演一个强者的角色，希望在大家眼中自己是一个强者。即便是挨鞭打，他也不吭声、不落泪，无论处境如何糟糕，他也坚决不让自己显得没有男子汉气概。

他在学校的成绩一直不错，他在家里一直有家教辅导。

从这一点可以看出，这个孩子还不够独立。老师们告诉家长，如果这个孩子能够安静一些，那么，他的学习成绩就会更好。这一点没有问题，因为任何一个孩子，除非他智力偏低，否则只要肯下功夫，成绩就一定能够迎头赶上。

他没有绘画方面的天赋。

这一点非常重要，通过这一点，我们可以推断出孩子使用右手还不够灵活。

他在运动上的天赋较为突出；他很快就学会了游泳，一点都

不怕。

从这一点看出，孩子还没有完全气馁。但是，他仅仅将自己的勇气用在了不重要的事情上，用在了那些他能轻易做到而且能确保获得肯定的事情上。

他没有什么不好意思的，无论是门卫还是校长，他都能说出自己的想法。太无所顾忌，也让他被警告多次。

他并不理会那些警告，因此，我们也不能将他不怕羞看作有勇气的表现。大部分孩子都能比较好地掌握与老师或者学校领导之间的距离。这个孩子既然不怕被爸爸揍，也就不太会在乎会被校长批评，更何况，这样的不分场合的讲话恰恰让他满足了自己被关注的目的。

他对自己的性别并不确信，不过经常说自己绝不可能做女孩。

在性别上，没有特别突出的问题。不过有类似性格的男孩确实会有贬低女性的倾向，他们会从贬低女性中获得一种优越感。

他没有什么朋友。

这很容易理解，没有孩子愿意总听从别人的。

他的父母并未给他讲解过两性方面的事情。从孩子的行为上可以看出他一直想要成为主导。

这个孩子对自己比较了解，他清楚自己想要什么，但是他还不能理解他的行为与他那个不理智的目标之间到底有什么样的关系。他并不理解自己为何会想要管着别人。他之所以想要管其他人是因为他看到父亲就是这么做的，但是，由于他凡事都要依靠别人，于是他越是想管别人，他就越会感到自己的弱小。而被他视为榜样的父亲，则完全依靠自己就能做到。这个孩子是想用自己的弱点来实现自己的野心。

他总是会招惹其他人，有时被招惹的对象明显比他更强壮。

粗鲁放肆，让这个孩子体会到了自信。想要让他不再粗鲁绝非易事，因为他除此之外没有任何能力能体会到自信。

他一点都不自私，他很愿意把自己的东西分享出去。

这似乎是个优点，好像也很难与孩子其他的性格特点有什么联系。其实，通过慷慨也正好可以显示出自己的优越感，重点就在于慷慨中有多少是出于操控他人的初心。慷慨，被这个男孩当成了一种个人的优势。这或许是从父亲那里习得的，他的父亲也常常通过慷慨的方式炫耀自我。

他还是不断地闯祸。他最怕父亲，其次是母亲。他什么时间都能起床，他不是很虚荣。

这里谈到的虚荣，是就外在而言，事实上，他有特别强烈的内在虚荣。

他以前有抠鼻孔的习惯，现在已经好了。他很固执，对事物非常挑剔，他不喜欢吃蔬菜和肥肉。他并不是完全不合群，他会选择那些愿意听他的孩子一起玩，他非常喜欢动物和花朵。

喜欢动物，往往会暴露出对优越感的追求，以及想要支配他人的欲望。当然这一点不能孤立地用来做判断，而是要结合其他方面一起来看。就案例中的孩子来讲，对动物的喜欢恰好是支配他人的欲望体现，尤其是通过给妈妈找更多事来支配妈妈。

他有很强烈的领导欲。他喜欢收藏物品，但他又没有足够的耐心，所以无论哪种收藏最后都是半途而废。

这个类型的孩子总是无法完成一件事情，这是因为，完成也就意味着要承担责任，而他们害怕承担责任。

10 岁后，孩子的行为有了改善。以前很难让他留在家里，他总想去外面在孩子群里逞强好胜。为此付出了很大的努力，才在这个方面有所进步。

在家里这个较为狭小的空间里，这个孩子其实更容易实现逞强做主的愿望，在这个较小的范围里，他能搞出更多恶作剧。若是有适合的监护，他其实应该多去街上玩耍。

他回家后就会去写作业，也没有想要出家门，但是，做作业的时候他总是搞出各种花样。

把孩子局限在一个小范围里，让他们在监督下写作业，很容易出现不够专心，搞各种花招不写作业的情况。孩子们需要参加活动，需要参与到小伙伴们的活动中，成为其中的一分子。

他之前很喜欢去学校。

从这条可以看出，老师并不严厉。孩子逞强让自己显得很厉害也不用担心老师责罚。

他经常会弄丢书。他并不担心考试，总是相信自己足够聪明能够应对一切。

这是一个很常见的特点。对任何境况都保持乐观的人往往对自己缺乏自信，这些人其实都是悲观主义者。他们做事没有逻辑；他们总是生活在幻想里，觉得自己能做一切事情；他们面对失败也毫不惊讶。他们对一切都持宿命论的观点，而这反倒让他们看起来很乐观。

他无法集中注意力。老师对他的态度也呈两极分布，有些老师很喜欢他，有些老师则非常讨厌他。

喜欢他的一般是态度温和的老师，他们喜欢这个孩子很有礼貌。他也会在这些老师的课堂上不怎么捣乱，老师们安排给他的任务通常也不会很难。和其他被惯坏的孩子一样，他也无法集中注意力。6 岁之后，他似乎也没有必要集中注意力，因为妈妈开始接手一切。他的生活全部都被妈妈安排好了，他就像是生活在一个笼子里。一遇到困难，他就束手无策。他不愿意解决困难，对于和他人一起解决问题也毫无兴趣。他非常希望自己能脱颖而出，而且是不付出任何努力就能脱颖而出。可是他的行为还没有到扰乱学校安宁的地步，也因此没有引发更大规模的关注，这使得他的恶劣变本加厉。

他总想轻轻松松就能获取一切，总希望能用轻而易举的方式就能得到一切。这几乎成为他生命中的主导因素，通过他的行为即能看出端倪，比如偷盗、撒谎。

我们能明显看出这个孩子在生活风格上的错误，他的社会情感未能得到全面发展。无论是温和的母亲还是严厉的父亲，都未能为他指明社会情感的发展方向。他对社会的情感停滞在了母亲那里，未能扩大到更多的人群。在妈妈那里，他时时都是被关注的焦点。

他对优越感的追求也没有朝着有益的方向发展，而是发展成了不断耗尽周围人的精力。若想将他的发展方向再次导向生活中有用的一面，那就需要重启孩子的人格发展。他需要获得真正的自信，这也反过来要让他对我们产生信心并愿意听取我们的意见。同时，他的社会关系也需要进一步扩大，这也是只有一个孩子的妈妈很难做到的一点。孩子与父亲的联结需要加强。我们再通过一步步加强对孩子的教育来让孩子理解他过去生活方式的错误所在。由于他的兴趣不再集中到一个人身上，渐渐地他会获得独立能力与勇气，他对优越性的追求也就被指向了正确的方向。

案例二

这个案例的主人公是一个10岁的男孩。

学校报告中提到这个孩子的成绩很差，有三个学期成绩都排在后面。

首先需要确认孩子的智商水平。

他目前正在读三年级，他的IQ值是101。

这个IQ值说明孩子智商正常。那么，究竟是什么原因让他成绩落后呢？他为什么要干扰课堂？他的确在努力，但是，他努力的方向出了偏差。他希望自己有创意、活泼，希望能被大家所关注，但是方式不对。他敌视学校可能就是他成绩会落后的原因，此外，他对学校有抵触心理，这也让他无法遵守学校的规矩。

执行命令很慢。

这不难理解。他行动灵活，执行命令慢其实是他对学校的抵触心理在作祟。

他和别的男孩打架，他也会带玩具去学校。

他想通过这种方式标新立异。

他的数学很差。

这说明他缺乏社会意识和隐藏在社会意识之下的社会逻辑。（请参阅第七章）

他的语言表达能力有缺陷，每周要参加一次语言表达能力

课程。

这个孩子在语言表达能力方面的缺失并非天生，而是缺乏社会合作的经历。通过语言往往能看出一个人的合作态度——每个个体都以语言与他人联结。在这个案例中，男孩是在利用这个缺点。故而，他绝不会纠正这个缺点，这个缺点正是他用来吸引大家关注的手段。

老师在和他谈话时，他总是扭来扭去。

这是他在随时准备反击。他不喜欢和老师谈话，在与老师谈话时，他就不再是大家关注的焦点。在和老师谈话的过程中，老师是主动说的一方，而他是被动听的一方。

他的妈妈（是他的继母，他的亲生妈妈在他出生后不久就去世了）只提到说这个孩子总是很紧张。

这个孩子所表现出的紧张是一种复杂的负面情绪。

他由两位祖母带大。

一位祖母就足以带来养育上的麻烦，祖母往往会极其娇惯孩子。祖母们为何会娇惯孩子是一个值得探究的话题。她们也想为自己的遭遇抱不平（这点是可以理解的）。祖母往往会以娇惯孩子并让孩子黏着自己的方式来证明自己的存在价值和重要性。

而在这个案例中出现了两位祖母，我们可以想象出两位祖母间也会出现竞争。两个祖母都会想要证明自己胜过另一方。出于这样一种竞争的目标，孩子就会感觉只要和祖母在一起，自己仿若进入了天堂，无论孩子提出什么要求，祖母都会尽力满足。他只需要说一句“那个祖母就会给我”，那么，另一位祖母就会如他所愿做他要求的事情。在家里，他一直都是大家关注的焦点。但是入学后，学校里没有祖母，只有老师和同学们。于是，他只能通过打架的方式获得大家的关注。

和祖母在一起生活的时间里，他的学习成绩并不理想。

他还没有做好入学的准备，学校还不适合当下的他。入学恰是对孩子合作能力的一个检测，但他却没有这方面的经验。在一个正常的家庭里，母亲会帮助孩子获得这方面的能力。

他的父亲在一年半之前再婚，这之后，孩子就和父亲、继母生活在一起。

这对孩子而言是一个艰难的境地。继母或是继父的出现，往往会让问题更加复杂。这是一个一直都有的问题，至今也没有得到什么进展，而孩子也往往是受害者。继母，即便是极为善良，也往往会遇到麻烦。这个问题绝非解决不了，但确实要谨慎对待。继母或者继父要降低能被孩子认可的期待，但同时，要努力赢得孩子们的喜爱。由于两位祖母已经让事情复杂化，也就提高了继母与孩子的相处难度。

他的继母刚开始也在努力想要被孩子所喜欢。她尽了最大的努力。但是哥哥并不领情。

这是家里存在的另一种竞争，兄弟俩之间的恶性竞争。

这个孩子害怕爸爸，比较听爸爸的话，但他不听妈妈的话。所以，妈妈每次会向爸爸告状。

妈妈坦白自己没法管孩子，故而还是交由孩子的爸爸来处理。当妈妈总是向孩子的爸爸说孩子做这个不做那个，并且以要告诉爸爸来威胁孩子，那么孩子就会认为这个妈妈根本管不了自己，也不会管自己，于是孩子就会伺机来欺负她。当母亲如此行事及说话时，也反映出了她的自卑情结。

妈妈答应孩子，如果孩子听她的，就带他出门并且给他买东西。

这个妈妈的处境确实非常不容易。为何这么说？因为在孩子们的心中，祖母比她重要。

祖母会偶尔来探望孩子。

偶尔来探望一下孩子，每次和孩子在一起待几个小时，这不难。可是之后却给妈妈留下了很多麻烦。

似乎在这个家里，没有谁真正地爱这个孩子。

他们似乎都不再喜欢他。就连把孩子惯坏了的祖母，现在也不喜欢这个孩子了。

父亲会揍他。

揍骂，完全无用。这个孩子喜欢被表扬，如果有人表扬他，他就会很满足。但是他并不知道怎么去做才能真正得到他人的赞赏。

得到表扬后，他就能更努力一些。

每个孩子都喜欢成为关注的焦点，所有孩子都在被表扬之后会努力一些。

他一天总是闷闷不乐的，老师们都不太喜欢他。

他很好斗，闷闷不乐也是源于此。

他总是尿床。

尿床也是一个寻求被关注的表现，他用这种非直接的方式得到关注。为何这个孩子会以下面的这些方式抗争呢？尿湿床单，把妈妈半夜搞醒；晚上又叫又喊；要在床上看书不去睡觉；早晨不起床；不健康的饮食习惯等。不管是白天还是晚上，他总是有办法让妈妈做这做那。尿床还意味着表达不顺畅——这是他用来与周围做抗争的武器。

妈妈有段时间会半夜里叫醒他好几次，试图用这样的方式改掉孩子的毛病。

其实，这只不过是半夜里更增加了和他在一起的次数。这反倒是帮他达到了被关注的目的。

他总喜欢管别人，所以孩子们都不喜欢和他在一起。有一些软弱的孩子会想要模仿他。

他是个软弱又缺乏勇气的孩子。那些软弱的孩子之所以想要模仿他，是因为似乎他的方法是有效的，真的能够引起别人的关注。

有时，“当他的作业被选为优秀作业时，孩子们会觉得他在进步。”

当他在进步时，孩子们都会很开心。老师们从这点上就能明白如何来激发孩子们的合作精神。

他喜欢和其他孩子一起在街上打球。

如果确保自己不会失败，他会愿意与其他人一起。

我们与孩子的妈妈讨论了这个案例，也和她解释了在目前的境况中，夹在孩子与祖母之间，她的处境会很为难。此外，也提到了这个孩子嫉妒哥哥，他总是担心自己会落后。在诊所里与孩子面谈时，虽然我们告诉他，我们愿意做他的朋友，可是孩子却没有开口说话。对于这个孩子而言，说话即是合作。而他只想作对，故而他不开口讲话。对于自己表达上的障碍，他不愿意做任何的努力，这也是社会情感的缺乏。

这听起来让人惊讶，但事实上，在成人中也经常能看到这样的现象，只是作对却不讲话。我们有遇到过一对夫妻，他们之间总会出现暴力性的争吵。丈夫会声嘶力竭对他妻子大喊：“你看，你又开始沉默！”妻子回应说：“我不是沉默，我只是不想说话。”

而这个案例中的男孩也是同样的情形，他“只是不愿意讲话”。当面谈结束可以离开时，他看起来又不想离开。他出现了抵触情绪。我们再次告诉他面谈结束了，可他就是不愿意离开。我们让他在下周和父亲一起再来一次。

同时，我们对他说："你不说话很正常，因为你总是要反着做。如果别人要你说话，你就不张嘴；而在学校，当你被要求保持安静时，你就一定会开口讲话干扰课堂秩序。你觉得这样你就像个英雄了。只要我们说'不许讲话'，你就会滔滔不绝。如果我们真想让你做什么，只需要反过来说。"

如果有必要，只需要问问题，他就不得不张嘴。但是这样，他就是在以语言的方式和人合作。之后，我们也给他解释了整个情形，他渐渐清楚了自己的问题，并开始逐步改善。

此外，要谨记，如果这个孩子还一直生活在旧有的环境中，那么变化就很难发生。他的妈妈、父亲、祖母、老师和同学们，都属于他旧有环境中的一部分，他对他们的态度已经定型。当孩子来到诊所时，这里的一切对他而言都是新的。我们必须让这个对他而言的新环境成为真正新的开始，他要在这里揭露出那些在旧环境中造就的性格特征。对他说"你不可以讲话"就是一个开始，他会说"我要讲"。以这样的方式开始，没有人直接和他开始交谈，他也就不会习惯性地马上开始防卫。

在诊所里，孩子们面前通常有一群听众，这会很有冲击力。在这样一个氛围中，孩子们会意识到他们不再只是和一个小小的环境有关系，而是被许多人所关注，而他们也是这许多人中的一部分。这会让孩子们比以往更愿意成为大集体中的一员，尤其当孩子们被问到要不要再来时，他们会表现出强烈的意愿。他们知道会发生什么——他们会被问问题，也会被问到进展如何，等等。有些孩子一周来一次，有些孩子则每天都会来，这由案例本身的情形所决定。他们在这里会学会要如何对待老师。他们知道来到这里，自己不再会被指责，也不需要听一番说教，但是，所有的一切都会被评估，仿若将自己的言行举止都公之于众。这种方式让大家感觉耳目一新。这就像是如果一对夫妇在吵架，如果其中一人打开窗户，那么这架就吵不下去了，因为没有人愿意让别人看到自己在吵架时暴露出的性格缺点。这正是进步所在，这也让孩子们愿意来到诊所。

案例三

这个案例中的主人公是一个 13 岁半的男孩。

他 11 岁时做过 IQ 测试，分值是 140。

这个孩子的 IQ 值得分较高。

从中学第二学期开始，他各方面的进展缓慢，似乎进入了一个停滞期。

根据我们已往的经验，智商高的孩子更会有不劳而获的想法，故而，这些聪明的孩子反倒会停滞不前。这些孩子在进入青春期后总以为自己足够成熟，他们往往过高估计了自己。他们会想要证明自己不再是个孩子。他们越是想要表现出这一点，在实际生活中就越容易遇到困难。于是他们开始怀疑自己并不像大家说的那么聪明。夸孩子聪明或是直接告诉孩子他的 IQ 分数是 140，这都不恰当，IQ 分数不应当告诉孩子及其家长。这往往是导致聪明的孩子反倒会失败的原因，聪明和高 IQ 反倒会让成长的过程险象丛生。这些孩子很容易非常激进，但是又未能找到走向成功的正确方式，他们会选择走捷径，可是走向成功没有捷径。于是，这些孩子就会出现：神经过敏、自杀、犯罪、犯懒及虚度光阴。孩子们以错误的方式追求成功的案例俯首皆是。

他最喜欢上科学课。他喜欢和比自己小的男孩在一起。

和小一些的孩子在一起，也就意味着做的事情更加轻松；也就更容易能成为孩子中优秀的一个，并且容易成为孩子王。如果一个孩子喜欢和比自己小的孩子在一起，那就很有可能出现这种迹象。并非绝对会如此，但是即便是家中的爸爸，也很容易出现这种倾向，他们也更愿意与年纪小的孩子玩耍，那样比较轻松。

喜欢踢足球和打棒球。

我们据此可以推测出这个孩子在这两项运动中比较突出。这个孩子有自己擅长的，也有不擅长的。当他确保自己能够获得成功时，他就会非常有动力并活跃，但是若觉得自己不一定能成功时，他就会放弃、拒绝尝试。这样的想法并不可取。

喜欢玩纸牌游戏。

这是在虚度光阴。

他因为玩牌而耽误了按时完成功课，也因此而无法早睡。

这是孩子主要的问题，而这都指向了同样一点，他经常浪费时间，学习被耽误了。

他在婴儿期的发育较缓，两岁后他才开始快速发展。

两岁以内的发育较缓，我们很难对此做出解释。有可能是过于娇惯。大部分被娇惯的孩子都不太愿意讲话也不愿意走路，他们喜欢让别人帮自己，当然，他们也因此未能得到足够的发育。而之后，由于受到某些刺激，他开始快速发展。也很有可能正是这些很强的刺激造就了他后来的聪明。

他非常诚实，也很固执。

诚实是非常好的品格，但是在这个孩子上出现的诚实，我们会怀疑他是否以此作为评判他人的工具。而这个品格也很容易成为他夸耀自己的一点。我们了解到这个孩子很喜欢当孩子王，很喜欢命令其他孩子，那么，他的诚实也极有可能是追求优越感的一个方式。如果环境不利，孩子是否还能保持诚实，可能并不一定。至于孩子的固执，我们了解到孩子很喜欢按照自己的方式行事，喜欢标新立异，不喜欢跟在别人后面。

他会欺负弟弟。

这进一步证实了我们的判断。他希望成为孩子王，他之所以欺负弟弟，是因为弟弟不听他的。而且，进一步了解后，就会发现这个孩子也会撒谎。他喜欢夸耀自己，这是他想体现自己的优越性。这个孩子身上的优越感是一种更为复杂的优越感，在这里我们称之为优越感情结。优越感情结的底层依旧是自卑感。他人的高估，与自己的不够自信，他用夸耀来填补这中间的差距。表扬孩子是极不明智的做法，在表扬中，孩子就无法真实地看清自己，会出现对自己过高的期待。当孩子没有办法轻易达到这个目标时，孩子就会将自己的弱点掩饰起来。比如，这个案例中欺负弟弟。这是他的生活方式。他并没有足够的自信认为自己可以独立且恰当地解决生活中的问题。因此，他沉迷于打牌。在打牌中，没有人会觉得他差劲，即便是他的学校成绩不够好。他的父母会说是因为打牌的原因，所以成绩没考好，这就让他可以继续保有自己其实能考好的虚荣心。他不断固化自己的想法，“我只是因为打牌所以才没考好，如果我不打牌了，我就一定是个好学生。”他只要觉得自己可能是最好的，就足以让自己感到满意。如果孩子无法看清楚自己认识事物的逻辑，他就只会不断掩藏自己的自卑感。如果执着于此，改变也就无从谈起。故而，我们尽可能以友好的方式，让他认识到自己性格上的问题，以及告诉他从他的行为上我们判断他并不能完成自己的功课。他之所以感觉自己不错只是因为他将自卑感掩盖起来。在这个过程中，必须不断地以友好的方式进行，而且要不断鼓励他。不要表扬他，也不要提及高的 IQ 分值，这只会让他担心自己不能总会取得成功。我们都非常清楚，就一个人的整整一生而言，高 IQ 说明不了什么；所有优秀的心理学家都知道 IQ 分值只是在测试环境中的一个得分，但是真正的生活是如此复杂，根本不可能通过测试得出。高 IQ 并不能保证一个人就能解决生活中的所有问题。

这个孩子碰到的真正问题是他缺乏足够的社会情感，以及自卑情节，而这也必须详尽地给他做出解释。

案例四

这个案例的主人公是一个 8 岁半的男孩。

在这个案例中我们会看到一个被惯坏了的孩子。被惯坏的孩子很容易走上犯罪之路，也容易神经质。这个时代的我们特别要避免娇惯孩子，这绝不是说不再爱孩子，而是不要纵容。我们可以像对待朋友那样平等地对待孩子。这个案例的可贵之处就在于它阐述了一个被惯坏的孩子身上的那些特征。

目前的问题：总是留级，现在还在读二年级。

若是一年级也要复读，那么我们会怀疑孩子是否存在智商问题。在做案例分析时要时刻记得这一点。不过，若是孩子在刚入学时学业不错，后来开始大幅度下降，那基本都不是智商的问题。

爱以小孩子的口吻讲话。

模仿小孩子，是想要被惯着的一种表现。但同时，他一定是为了某个目的而这样做，通过这样做能获得某些好处。通过对这个案例进行理性分析后，我们排除了孩子智商偏弱的可能性。他不想上学是因为他还没有为此做好准备。故而，进入学校后，他没有很快适应学校的步伐，而是开始反抗这个环境。但是，对学校的反抗终究以成绩落后为代价。

不愿意听哥哥的，会与哥哥发生激烈的冲突。

在他心中，哥哥是他成长过程中的障碍。从这里，我们基本能推断出哥哥一定是个优秀学生。他只能通过比哥哥坏来脱颖而出。他幻想着自己能比哥哥提前出生。

他 22 个月时才学会走路。

这可能是因为得过佝偻病。在这 22 个月里，他不断观察着别人，而他的妈妈在这 22 个月里，也一直陪伴在他左右。恰是由于身体的原因，让他的妈妈一直陪在他的身边，也宠坏了他。

说话很早。

据此能确定孩子的智商没有问题，语言能力最能反映出智商水平。

他总是像小孩子那样说话，爸爸也很宠爱他。

爸爸也很娇惯这个孩子。

他更爱妈妈。家里有两个男孩，在妈妈眼中，大儿子更聪明。两个孩子经常打架。

这是常见的手足之争，通常出现在一家的老大与老二之间，也会出现在大小差不多的两个孩子之间。如果孩子们没有合作的意识，没有为合作做好准备，那么两个共处的孩子，大的那一个也总会担心自己的地位不保。

他的算术很差。

娇惯中长大的孩子，往往数学不好，因为数学所要求的社会逻辑基础，往往是这些被惯坏的孩子所缺乏的。

他脑袋一定是出了什么问题。

这个说法不成立。他言行举止看起来是个聪明的孩子。

老师和妈妈都怀疑孩子有手淫的习惯。

这有可能。许多孩子都有这个习惯。

妈妈说孩子总是有黑眼圈。

当然，即便如此，我们也不能推论说他有黑眼圈是因为手淫。

他吃饭时很挑剔。

这也是霸占妈妈的一种方式。

他怕黑。

被娇惯的孩子往往都怕黑。

妈妈说他有很多朋友。

和这些孩子在一起时，他应该是个孩子头。

他对音乐很感兴趣。

观察一下音乐从事者就会发现，他们的外耳曲线都发育得较好。长期在音乐中浸泡，耳朵也会被锻炼出来。这个男孩的耳朵就非常敏感，能很好地掌握和弦。具有这项能力的人，往往比较能接受音乐方面的训练。

他喜欢唱歌，但却患有耳疾。

对音乐敏感的同时也就很难忍受生活中的吵闹。他们也更容易患耳朵感染的疾病。听力方面的构造往往由遗传而决定，这也是为何音乐天赋和耳朵疾病似乎总是一代代传了下来。这个男孩患有耳朵的疾病，而他的家族中有许多从事音乐的亲戚。

对于这个男孩而言，正确的治疗方案是帮助他更加独立和自力更生。目前，他还无法独立，他总想缠着妈妈，无法独处。他总要找妈妈帮忙，而妈妈也总是很乐于帮他。现在，必须要让他独立去做一些事情，即便会出错。人都是在不断纠错中学会独立的。他也要学着不要为了获得妈妈的偏爱而和哥哥竞争。现在，两个孩子总觉得妈妈喜欢另一个，也因此会相互嫉妒。

尤为关键的是帮孩子鼓起勇气来面对学校及生活上的问题。当无法继续学校生活时，这个孩子就会偏离而进入毫无自我价值的一面。他可能会开始逃学，直至不去上学，甚至开始离家，加入团伙。教育上要持“不治已病治未病”的思路；现在就开始帮助孩子，而不要等到青春期再来解决。学校对这个孩子来说，就像是一场严酷的考试。他目前尚未做好准备，这也是为何他会在学校碰到各种问题。但是，也只有学校能赋予他勇气。尽管学校也有自己的问题：例如一个班的孩子太多，老师没有足够的能力支持、鼓励每个孩子，等等，这是不那么乐观的一面。但是假如孩子能遇到一个会鼓励他、激励他的老师，他就会通过这场严酷的考试。

案例五

这个案例的主人公是一个 10 岁的女孩。

由于学不好数学及拼读而被送来诊断。

被娇惯的孩子往往学不好数学。并不是说只要是娇惯长大的孩子就一定数学成绩差，但是根据记录，的确有这样的趋势。

如果孩子是左撇子，拼读的学习就不太容易。他们会更容易接受从右往左的训练，所以在阅读就很容易从右往左。他们的阅读和拼读都没有问题，但是往往是相反的。而对孩子来讲，他们不明白这背后的真正原因，只是认为自己读不对也拼不对。基于此，我们猜想这个女孩子可能也是左撇子。当然，这也不排除其他原因让她出现了拼读的困难。我们也要想到有可能是因为孩子从其他国家来到这里，英语还没有掌握；

另外有一点值得注意：这个孩子一家在德国遇到了变故。

我们并不清楚他们为何离开德国。似乎这个女孩在德国度过了一段幸福的时光，但突然遭遇了变故。这种变故就像是人生测验。面对这样的变故，往往就能判断出孩子是否做好了合作的准备，是否具备勇气来面对新境况以及是否具备足够的适应能力。面对如此变故，孩子是否能够承受贫苦所带来的压力，这也就是孩子面对新环境是否有合作能力。从这个案例来看，孩子尚未做好准备。

在她8岁离开德国之前，各方面都不错，是个好学生。

也就是两年前。

由于拼读学习的困难，以及数学教学上用了与德国不同的方式，她未能很好地适应新的学校环境。

老师也未能额外对她进行辅导。

她非常依赖妈妈，妈妈也很娇惯她。对父母，她都很喜欢。

当孩子们被问道："你更爱妈妈还是爸爸时？"他们通常都会说："我都喜欢。"这个答案并不是心声，而是被教会的。其实有很多办法可以测出真实答案，比如，让孩子在父母中间，然后和其中的一人讲话，孩子此时会靠近的一方就是孩子更为偏好的一方。此外，当父母都在一个房间时，孩子进来后会靠近谁，也能说明孩子的偏好。

她有些同年龄段的女生好友。在她早一点的记忆里有这样一个场景，在她8岁时，她和父母住在乡村里，他们会在草地上与小狗一起玩耍。此外，那时他们还有一辆马车。

曾经富裕的生活、草地、小狗、马车，这些都留在她的记忆中。这就类似于曾经很富有的男性会经常想起那些自己曾经有车、有马、有豪宅、有用人的日子。从这些可以看出，她对目前的生活不满意。

她会梦到圣诞节及圣诞老人。

女孩梦中的愿望恰是她真实的愿望。由于失去了曾经所拥有的，她希望能再像以前那样拥有很多。

依赖妈妈。

这反映出她缺乏足够的勇气，也反映出她在学校里遇到了困难。父母可以向孩子解释，对她来说，她的确比学校里其他的孩子更不容易，我们要鼓励她通过努力学习来取得进步并进而获得勇气。

她再次来到诊所时，妈妈没有一起。她在学校里的境况有所起色，并且在家里也开始独立做一些事情。

我们建议她开始锻炼自己的独立能力，不要凡事都依赖妈妈。

她开始给父亲做早餐。

表明她开始锻炼自己的合作能力了。

她相信自己有足够的勇气，在这次的面谈中，她也不再拘谨。

她带着妈妈一起来到了诊所。

她的妈妈和她一起来到诊所，这是妈妈第一次来到这里，在此之前她都未能从繁忙的工作中找到空档。她告诉我们这个孩子是在两岁时被他们领养的，孩子自己目前还并不知道这段过去。在孩子最初的两年里，曾经换过 6 个地方。

这不是一段轻松的过去。似乎孩子在最初的两年里遭了不少罪。这个孩子在得到这位女士照顾之前有过一段并不愉快的婴幼儿期。这个孩子之所以想紧紧抓住已经逝去的好时光，也恰恰是因为她潜意识中还对这样一段糟糕的时光留有印象。两年的时光足以留下深刻的印象。

这位母亲收养这位孩子时，有人告诉她，这个孩子的出身家庭不怎么样，她必须严厉一些。

给出这样的建议，是因为给建议的人认为遗传会起决定性的作用。而这位妈妈如果恰巧采纳了这样的建议，对孩子严厉管教，那么这个女孩势必会成为问题儿童，而这又恰恰符合了那最初的判断，“你看，我就说嘛”。而给建议的人却不知道自己才是这份恶之源头。

孩子的妈妈做得不好，而这位领养孩子的母亲感到自己身上的责任很重。这个孩子不是她唯一的孩子。她有时也会打孩子。

这样听起来，这个孩子并不是像我们最初所推断的那样是一个被娇生惯养的孩子，而恰恰相反，她是一个常常被惩罚的孩子。

家里的父亲比较惯着孩子，孩子要什么他就给什么。而当孩子想要什么时，她也不会用礼貌性的用语，比如“请”和“谢谢”，而是说“你不是我亲妈”。

孩子有可能已经知道了事情的真相，也有可能只是想用这样的方式来索取。我们掌握的案例中有一个20岁的男孩，虽然其父母发誓没有告诉过孩子关于他的身世，但孩子就是不相信自己的妈妈是亲生母亲，他就是能感觉到什么。孩子们往往会从一些细节中得出自己的想法。“孩子们并不知道自己是被收养的孩子，但他们有时能感觉出来。”

她只会对妈妈这么讲，不会对爸爸这么说。

孩子要什么，这位父亲就给什么。这让孩子没有理由和他对着干。

妈妈还不能理解孩子为何到了新学校会出现这些变化。当女儿拿来的成绩单很糟糕时，她会揍女儿。

这个可怜的女孩，成绩不尽如人意，她就已经感到很羞耻并且会因此自卑，可是回家后妈妈又会揍她。无论是糟糕的成绩还是被妈妈揍其实都已经超过她的负荷。在这种情况下，我们也要考虑老师在其中起到了什么作用。当老师将成绩单发给孩子时，就能料想到这对于孩子意味着什么。一个明智的老师如果了解到家长会因为成绩差而揍孩子时，就要尽力避免这种情况。

这个女孩说她有时会感觉不到自己，会乱发一通脾气。她在学校时会因为过于兴奋而扰乱了教学。她坚信自己必须拿第一。

如果女孩成长的环境中，她的父亲总是会满足她各种各样的需求，那么，就很容易出现上面这种情况。我们也非常理解为何这个女孩想要成为第一。在她原本的生活中，她拥有乡村的土地，等等，而她一直都觉得有人夺走了她所拥有的。而现在她一方面对优越性的追求更为强烈，另一方面却又无处满足这种追求，于是她采取了忘乎所以地不断找事。

我们向她解释，她需要学会与他人合作。我们告诉孩子，她之所以会在学校里过于兴奋是因为想要得到大家的关注，而乱发脾气恰好是一个让大家都注视她的一种方式。而成绩不理想是因为妈妈总是为此发火，而她正是以此来和妈妈开战。

她总是会梦到圣诞老人给她带来很多东西，可是一切都在梦醒一刻消失了。

孩子想抓住自己想要的，可是却如竹篮打水——一场空。这样的失望感从始至终贯穿着孩子的过去。或许可以这样说，这场梦的目的并不是想要得到什么，而恰恰是那失去一切后的失望感。体验失望感本身就是目的。忧郁症的患者就往往会做非凡的梦，可是醒来却会发现反差巨大。这个女孩为什么要紧紧抓住这种失望感呢。她希望以此来谴责自己的母亲，她当下的生活对她而言极为阴暗。她觉得自己一无所有而妈妈又什么都不愿意给她。“她只会揍我，只有爸爸会给我想要的。”

总结一下，这个孩子会想方设法地抓住失望感并以此来控诉自己的母亲。她想以此与母亲争斗，如果真的要帮她，我们就需要让孩子意识到无论是她在家里的行为，还是在学校的行为，还是她的梦，都不过是同一个错误的不同演绎方式。而这个错误很有可能是因为她来美国的时间较短，而且英语能力也还有限。我们要帮助孩子相信眼前的困难可以轻易克服，但是她却以其作为与母亲斗争的工具。我们也要影响并说服母亲不要再继续打孩子，也就是不让孩子有与母亲斗争的理由。要让孩子渐渐意识到：“我常常不知道自己在做什么，乱发脾气，是因为我想给我和妈妈之间找麻烦。”当孩子意识到这一点时，她会渐渐停止自己的错误行为。如果没有认识到她的生活、她的梦境对她的真正意义，那么变化也就无从谈起。

据此，我们能看出心理学是什么，心理学就是理解他人在如何看待自己的过往。或者说，心理学意味着理解孩子行为的目的，理解孩子面对刺激会做出何种反应，以及孩子又是如何利用这些反应来满足自己目的的。